ちくま文学講読

初級編

安藤宏／紅野謙介◆監修

筑摩書房

【本書の使い方】

1. 漢字は、原則として「常用漢字表」の漢字（新字体）を使用し、音訓・送り仮名も同表によった。これによらない場合は、教材ごとの初出の際に読み方を示した。

2. 注の欄には、次の三点を掲げた。

a　語注　番号を付し、解説を施した。

b　発問　読解上の注意点や理解すべき事柄について、原則として本文中に**1**などの番号を付し、注の欄に**1**の形で掲げた。

c　注意する語句　本文中の成句・慣用語などについて、本文中に＊印を付し、見開きのページごとに整理した。また重要語句も抽出して、あわせて整理した。

3. 学習のための手引きを各教材の後に「理解」として掲げ、教材を理解するための要点を設問の形で示した。また、引用した箇所は、本文ページを漢数字、行を算用数字で示した。例　本文八ページ12行目→（八・12）

はしがき

二〇二二年度から実施の高等学校「国語」の新学習指導要領で、高校一年生用の必履修科目である「国語総合」があらたに「現代の国語」と「言語文化」の二つに分かれることになりました。このうち「現代の国語」は評論や実用文を扱い、「言語文化」は古典および小説などの文学教材を扱うことになっています。つまり「言語文化」で古典と現代小説の両方を扱わなければならなくなったために、現代小説の頁数が従来の「国語総合」に比べ、著しく減ってしまうことになったわけです。

本書はこうした事態に対処すべく、主に一年生の授業で文学教材を補うための高校用の副読本として企画されました。編集に当たっては、これまで「定番教材」として支持されてきた珠玉の教材をリストアップし、小説十編、随想四編が厳選してあります。これによって、文学色の強い文章の魅力に数多く触れ、あらためてその魅力を堪能していただけるものと確信しています。

現在の「国語」改革においては、ともすれば「情報」「論理」「実用」といったタームが一人歩きし、「文学」をこれらと区別する傾向が強まっています。しかし、そもそも「文学」は世界の成り立ちを根本から考えていく「人文知」の根幹をなすものであり、また、小説の読解はあらたな世界観や自己とは異質な他者の存在を理解していく上で、きわめて重要な役割を果たすものです。情報化社会を生きていくためにこそ、こうした知恵や想像力が求められるわけで、本書を通し、個々の「情報」の持つ意味を自身の目で吟味し、うわべの功利的なものの見方に惑わされない、奥深い知性を身につけていっていただきたいと思います。本書がそのための強力な〝援軍〟になってくれることを願ってやみません。

監修者しるす

ちくま文学講読　初級編　目次

愛されすぎた白鳥

小《お》川《がわ》洋《よう》子《こ》

西の果てに大きな森があった。一度迷い込んだら二度と出てはこられないほどに深い森だった。梢《こずえ》はどこまでも高く、茂った葉は太陽の光をさえぎり、地面はいつもじっとりと湿っている。夜になると、あたり一面が闇に塗り込められ、動物たちの光る瞳以外には、他に何も見えなくなる。

森の入り口には小屋が置かれ、一人の番人が暮らしていた。父親もその父親もまた番人で、森の外では一度も暮らしたことのない一族だった。男はたくましい肉体を持ち、嵐で倒れた巨木を持ち上げることも、密猟者を捕らえて縛り上げることも、やすやすとできた。貧しい農民の娘には、秘密の茸《きのこ》が群生する場所を教えてやり、狼《おおかみ》に襲われ傷ついた小鹿を見つけると、幾晩でも寝ずの看病をしてやった。

男は母の面影を知らず、学校を知らず、友情を知らなかった。書物とも楽器とも旅とも無縁だった。兄弟も恋人もいなかった。多くのことを知らないまま、老いを迎えていた。

外の世界から風を運んでくるのは、十日に一度小屋に顔を出す、食料品店の配達人だ

小川洋子　一九六二（昭和三七）年―。小説家。岡山県生まれ。一九九〇年、『妊娠カレンダー』で芥川《あくたがわ》賞。二〇〇四年、『博士の愛した数式』で読売文学賞・本屋大賞。作品に『沈黙博物館』『ミーナの行進』などがある。この作品は二〇〇六年刊行の『おとぎ話の忘れ物』に収められており、本文はその文庫版によった。

けだった。さっぱりとした気のいい若者で、番人がお茶を勧めると、決して断らなかった。ストーブの前の椅子に腰掛け、町の噂《うわさ》や事件について、ひとしきりお喋《しゃべ》りした。番人は黙って耳を傾け、カップが空になれば新しいお茶を注いでやったが、正直なところ町のできごとはどれも、❶ぼやけた夢物語のようなものだった。ただ、生き生きとして語る若者をがっかりさせないため、適度に＊相槌《あいづち》を打つのは忘れなかった。

お喋りよりも楽しみだったのは、毎回若者がおまけに置いていってくれるキャンディーだった。

「はい、これ。」

若者は無造作に上着のポケットに手を突っ込み、キャンディーを一摑《つか》み取り出した。それが席を立つ合図だった。

次の配達日が来るまで、番人は一個ずつ大事にキャンディーをなめた。実にさまざまな種類のキャンディーがあった。木の実や果実など覚えのある味もあれば、一体何の味なのか見当もつかない神秘的なのもあった。ころんとした愛らしい形をして、かさこそ音のする、色とりどりの包装紙にくるまれていた。

一日の仕事を終え、小屋に戻ってくると、まずテーブルの上にあるキャンディーを一個取って、口に入れる。今日はどの色にしようかとしばし悩み、昨日は何色だったか思い出そうとしていつもうまくゆかず、結局は一番手前にあるのを選ぶ。口の中でキャン

❶「ぼやけた夢物語」とはどのようなものか。

〈面影〉〈腰掛ける〉

＊相槌を打つ

ディーを溶かしながら、[2]ストーブの火が少しずつ大きくなるのを待っている間が、一日のうちで最も幸せな時間だった。

ある日、番人は湖に白鳥を見つける。ハンター[1]もめったに足を踏み入れない、森の奥まった場所にある湖だ。水があまりにも冷たく澄んでいるので、太陽も雲も月も星も、空にあるものは全部ありのままにそこに映し出される。初めて湖を見る人は誰も、そこにもう一つの空があるのかと錯覚するに違いなかった。

白鳥は水面を音もなく滑っていた。群れからはぐれたのか、あるいはつがいの片方がどこかに隠れているのかと、番人はしばらく成り行きをうかがっていた。しかしいつまで待っても白鳥は一羽きりで、旅立つ気配も、仲間が迎えにくる様子もなかった。

白鳥はぴんと首を伸ばし、前だけを見つめていた。真っ白い羽には汚れ一つなく、水面にはわずかなしぶきさえ上げなかった。

番人は用心深く水辺に近づき、口から出まかせに小鳥の鳴きまねをしてみたが、白鳥は*一瞥《いちべつ》もくれず、ただ自由に水面を泳ぐばかりだった。

それから毎朝、番人は湖に通った。渡りの旅から一羽取り残された白鳥の行く末を案じて、というのは表向きの理由で、本当は朝露に光る白い羽の美しさに心を奪われてしまったのだった。

2 「ストーブの火が少しずつ大きくなる」とはどのようなことか。

1 ハンター 銃を使って猟をする人。猟師。［英語］hunter

白鳥を怖がらせないよう、番人は慎重に振る舞った。音のしない軟らかい土の上を選んで歩き、最初のうちは草むらに隠れ、様子を見ながら徐々に姿を現すようにした。白鳥を振り向かせるために手を叩《たた》いたり、ましてや石を投げたりするようなことはせず、沈黙のうちに姿だけを目で追った。

何日かたつうち、少しずつ白鳥は番人の存在を認めるようになった。❸冷たい無視の期間は去り、許容の時が訪れたのだ。番人を見つけると白鳥は、羽を一度だけぶるっと震わせるか、くちばしで水面を弾《はじ》くか、何か小さな合図を送ってきた。番人はそれにどう応えていいのか戸惑い、まるで初対面の人間にするかのように、*ぎこちないお辞儀をする。

番人にとって白鳥の羽ばたきが音楽であり、湖面に広がる波紋が絵画だった。白いくちばしは彫刻であり、瞳は宝石だった。

ある朝白鳥は、番人が立つ水辺まで寄ってきて、彼を見つめながらしばらくそこに留《とど》まった。間近で見ると白鳥はなおいっそう白い。目が痛むほどに白い。そして高遠で、*畏れ多い。

何か言わなければと焦れば焦るほど、番人は言葉を失う。このまま黙っていて白鳥に誤解され、見放されてしまったらもう取り返しがつかない、という恐怖にとらわれている。既に太陽は高みにまで昇り、湖面に木々の影を映し出している。小鳥のさえずりが遠くでこだまし、空に吸い込まれてゆく。

❸「冷たい無視の期間は去り、許容の時が訪れた」とはどのようなことか。

〈朝露〉〈高遠〉
*一瞥もくれず
*ぎこちない
*畏れ多い

「私は森の番人です。」

彼が口にできたのは、そのたった一言だけだった。

毎朝、白鳥と番人は一緒に朝のひとときを過ごした。羽に絡まってはいけないと、番人は岸辺の蔓《つる》[2]を刈り、狼が近寄らないよう罠《わな》を仕掛けた。湖面を優美にターン[3]する姿に拍手し、羽を休める姿を見守り、共に朝日を浴びた。彼らを邪魔するものは何もなかった。

　白鳥のために、もっと何かしたい、何かできるはずだ、まだまだ足りない、と番人は思った。夜、眠りに落ちる前はいつも、白鳥の気高さを思い、自分の至[*]らなさを嘆いた。白鳥はどんなふうにして眠っているのだろうか、と考えただけで胸が苦しく、粗末ながらも自分がベッドの中にいることが申し訳なくてたまらなくなり、毛布も掛けずに床に寝転がった。

　そうだ、自分の一番大事なものを捧《ささ》げればいいのだ、と番人は気づいた。その朝彼は、湖に出かける前、テーブルのキャンディーを一摑みポケットに忍ばせた。

「つまらないものですが……。」

　番人はおずおずとポケットからキャンディーを一粒取り出した。白鳥の白にはどんな色のキャンディーでもよく似合った。

「もしよろしければ……。」

2 蔓　植物の茎で、地面をはったり、木などに巻きついたりするものの総称。

3 ターン　回転すること。進む方向を変えること。[英語] turn

番人は包装紙を取り、キャンディーを掌《てのひら》に載せ、差し出した。白鳥は少し迷うように、くちばしの先でそれをつついた。

「さあ、どうぞ。」

一度番人を見上げてから白鳥は、キャンディーをくちばしにはさみ、首をしならせてそれを飲み込んだ。キャンディーが白鳥の喉を落ちてゆく、わずかな気配が伝わってきた。

❹番人は唯一の夜の楽しみを捨てた。白鳥との朝の時間に比べれば、そんなものは捨ててしまっても少しも惜しくなかった。配達人の若者が置いてゆくキャンディーは全部取っておいて、白鳥にプレゼントした。

「すまないがね、君。」

番人は配達人に願い事をした。

「もしよかったら、もう一摑みだけ余分に、キャンディーを置いていってもらうわけにはいかないだろうか。」

気のいい若者は何のこだわりもなく答えた。

「お安い御用ですよ。」

ああ、これで、もっとたくさんのキャンディーを湖に運ぶことができる。番人は若者の手を取って何度もお礼を言った。

❹「番人は唯一の夜の楽しみを捨てた。」とはどのようなことか。

＊至らなさ
〈粗末〉〈余分〉

一日一粒が二粒になり、六粒になり、十二粒になった。とうとう片手には載りきらなくなり、両手一杯のキャンディーが差し出されるようになった。何粒になろうと、白鳥は一粒ずつくちばしにはさんで飲み込んだ。

「さあ、どうぞ。さあ、どうぞ。」

色とりどりのキャンディーが❺白い羽の中に消えていった。番人は幸せだった。

ある朝、いつものようにキャンディーで膨らんだポケットを押さえつつ湖に来てみると、白鳥の姿がなかった。白鳥はキャンディーの重みで湖の底に沈み、一滴の雫《しずく》になっていた。番人はまた、独りぼっちになった。

❺「白い羽の中に消えていった」とはどのようなことか。

●理解●

(1)「番人」と「白鳥」が出会ってから親しくなるまでの、それぞれの心情変化がうかがえる表現を抜き出しなさい。

(2)「番人にとって白鳥の羽ばたきが音楽であり、湖面に広がる波紋が絵画だった。白いくちばしは彫刻であり、瞳は宝石だった。」（九・9）とはどのようなことか、説明しなさい。

(3)「番人」の前で「湖面を優美にターン」（一〇・4）するようになったとき、「白鳥」は「番人」をどのような存在だと感じ始めていたか、説明しなさい。

(4)「白鳥はどんなふうにして眠っているのだろうか、と考えただけで胸が苦しく、粗末ながらも自分がベッドの中にいることが申し訳なくてたまらなくな」（一〇・8）るとは「番人」のどのような心境を表しているか、説明しなさい。

清兵衛《せいべえ》と瓢簞《ひょうたん》

志賀直哉《しがなおや》

これは清兵衛という子供と瓢簞との話である。この出来事以来清兵衛と瓢簞とは縁が切れてしまったが、間もなく清兵衛には瓢簞に代わるものができた。それは絵を描くことで、彼はかつて瓢簞に熱中したように今はそれに熱中している……。

清兵衛が時々瓢簞を買ってくることは両親も知っていた。三、四銭[1]から十五銭くらいまでの皮つきの瓢簞を十ほども持っていたろう。彼はその口を切ることも種を出すことも独りで上手にやった。栓も自分で作った。最初茶渋で臭みをぬくと、それから父の飲みあました酒を蓄えておいて、それでしきりに磨いていた。

まったく清兵衛の凝りようは激しかった。ある日彼はやはり瓢簞のことを考え考え浜通りを歩いていると、ふと、目に入ったものがある。彼ははっとした。それは道端に浜を背にしてズラリと並んだ屋台店の一つから飛び出してきた爺《じい》さんの禿頭《はげあたま》であった。清兵衛はそれを瓢簞だと思ったのである。「立派な瓢《ひょう》じゃ。」こう思いながら彼はしばらく気がつかずにいた。――気がついて、さすがに自分で驚[❶]いた。その爺さんはいい色をし

志賀直哉　一八八三（明治一六）―一九七一（昭和四六）年。小説家。宮城県生まれ。有島武郎《ありしまたけお》・武者小路実篤《むしゃのこうじさねあつ》らと、雑誌「白樺《しらかば》」を創刊。対象を的確に捉える簡潔な文体で注目された。作品に『和解』『暗夜行路』などがある。この作品は一九一三年に発表されたもので、本文は「志賀直哉全集」第二巻によった。

1 **銭**　貨幣の単位。一銭は、一円の百分の一。明治四十年頃のそばの値段は、一杯あたり三銭程度であった。

❶「驚いた」のはなぜか。

た禿頭を振り立ててむこうの横町へ入っていった。清兵衛は急におかしくなって一人大きな声を出して笑った。堪《たま》らなくなって笑いながら彼は半町[2]ほど駆けた。それでもまだ笑いは止まらなかった。

　これほどの凝りようだったから、彼は町を歩いていれば骨董屋《こっとうや》でも八百屋でも荒物屋[3]でも駄菓子屋でもまた専門にそれを売る家《うち》でも、およそ瓢箪を下げた店といえば必ずその前に立ってじっと見た。

　清兵衛は十二歳でまだ小学校に通っている。彼は学校から帰ってくると他の子供とも遊ばずに、一人よく町へ瓢箪を見に出かけた。そして、

加工前の瓢箪

夜は茶の間の隅にあぐらをかいて瓢箪の手入れをしていた。手入れが済むと酒を入れて、手拭いで巻いて、缶にしまって、それごと炬燵《こたつ》へ入れて、そして寝た。翌朝は起きるとすぐ彼は缶を開けてみる。瓢箪の肌はすっかり汗をかいている。彼は飽かずそれを眺めた。それから丁寧に糸をかけて陽《ひ》のあたる軒へ下げ、そして学校へ出かけていった。

2 町　距離の単位。一町は、約一一〇メートル。

3 荒物屋　日用品を扱う雑貨店。

清兵衛のいる町は商業地で船つき場で、市《し》にはなっていたが、わりに小さな土地で二十分歩けば細長い市のその長い方が通りぬけられるくらいであった。だからたとえ瓢簞を売る家はかなり多くあったにしろ、ほとんど毎日それらを見歩いている清兵衛には、おそらくすべての瓢簞は*目を通されていたろう。

加工後の瓢簞（右）と江戸時代初期に作られた古瓢（左）

彼は古瓢《こひょう》[4]にはあまり興味を持たなかった。まだ口も切ってないような皮つきに興味を持っていた。しかも彼の持っているのはおおかたいわゆる瓢簞形の、わりに平凡な格好をしたものばかりであった。

「子供じゃけえ、瓢いうたら、こういうんでなかにゃあ気に入らんもんと見えるけのう。」大工をしている彼の父を訪ねてきた客が、そばで清兵衛が熱心にそれを磨いているのを見ながら、こう言った。彼の父は、

「子供のくせに瓢いじりなぞをしおって……。」とにがにがしそうに、その方を顧みた。

「清公《せいこう》。そんなおもしろうないのばかり、えっ[5]

4 古瓢　骨董《こっとう》品としての価値を持つ瓢簞。

5 えっと　方言で「たくさん」の意。

＊目を通す　―〈横町〉〈駄菓子屋〉

と持っとってもあかんぜ。もちっと奇抜なんを買わんかいな。」と客が言った。清兵衛は、

「こういうがええんじゃ。」と答えて済ましていた。

清兵衛の父と客との話は瓢簞のことになっていった。

「この春の品評会に参考品で出ちょった馬琴《ばきん》[6]の瓢簞というやつはすばらしいもんじゃったのう。」と清兵衛の父が言った。

「えらい大けえ瓢じゃったけのう。」

「大けえし、だいぶ長かった。」

こんな話を聞きながら清兵衛は心で笑っていた。馬琴の瓢というのはその時の評判なものではあったが、彼はちょっと見ると、——馬琴という人間も何者だか知らなかったし——すぐくだらないものだと思ってその場を去ってしまった。

「あの瓢はわしにはおもしろうなかった。かさばっとるだけじゃ。」彼はこう口[*]を入れた。

それを聴くと彼の父は目を丸くして怒った。

「何じゃ。わかりもせんくせして、黙っとれ！」

清兵衛は黙ってしまった。

ある日清兵衛が裏通りを歩いていて、いつも見なれない場所に、仕舞屋《しもたや》[7]の[8]格子先に婆《ばあ》

6 馬琴　滝沢《たきざわ》馬琴、一七六七—一八四八年。曲亭馬琴。江戸時代末期の戯作《げさく》者。作品に『南総里見八犬伝《なんそうさとみはっけんでん》』『椿説弓張月《ちんせつゆみはりづき》』などがある。

7 仕舞屋　店屋ではない普

さんが干し柿や蜜柑《みかん》の店を出して、その後ろの格子に二十ばかりの瓢簞を下げておくのを発見した。彼はすぐ、

「ちょっと、見せてつかあせえな。」と寄って一つ一つ見た。中に一つ五寸[9]ばかりで一見ごく普通な形をしたので、彼には震いつきたいほどにいいのがあった。

彼は胸をどきどきさせて、

「これ何ぼかいな。」と聞いてみた。婆さんは、

「ぼうさんじゃけえ、十銭にまけときやんしょう。」と答えた。彼は息をはずませながら、

「そしたら、きっと誰にも売らんといて、つかあせえのう。すぐ銭持ってきやんすけえ。」くどく、これを言って走って帰っていった。

間もなく、赤い顔をしてハアハアいいながら還《かえ》ってくると、それを受け取ってまた走って帰っていった。

彼はそれから、その瓢が離せなくなった。学校へも持っていくようになった。しまいには時間中でも机の下でそれを磨いていることがあった。それを受け持ちの教員が見つけた。修身[10]の時間だったただけに教員はいっそう怒った。

よそから来ている教員にはこの土地の人間が瓢簞などに興味を持つことが全体気*に食わなかったのである。この教員は武士道を言うことの好きな男で、雲右衛門《くもえもん》[11]が来れば、

通の住宅。

8 格子 細い角材などを縦横に隙間をあけて組んだもの。

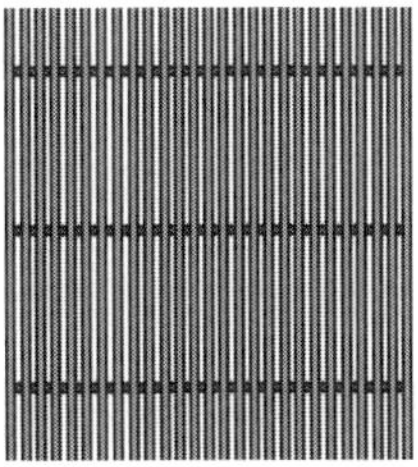

9 寸 長さの単位。一寸は、約三センチメートル。

10 修身 旧制の小・中学校の教科。道徳や国家への忠誠心などを教えた。

11 雲右衛門 桃中軒《とうちゅうけん》雲右衛門、一八七三―一九一六年。浪曲師。武士道を鼓吹し人気を博した。

〈格子〉

＊口を入れる

＊気に食わない

大正時代の芝居小屋

いつもは通りぬけるさえ恐れている新地[12]の芝居小屋に四日の興行を三日聴きにいくくらいだから、生徒が運動場《うんどうば》でそれを唄うことにはそれほど怒らなかったが、清兵衛の瓢箪では声を震わして怒ったのである。「とうてい将来見込みのある人間ではない。」こんなことまで言った。そしてそのたんせい*を凝らした瓢箪はその場で取り上げられてしまった。清兵衛は泣けもしなかった。

　彼は青い顔をして家へ帰ると炬燵に入ってただぼんやりとしていた。

12 新地　新しく開けたところにある歓楽地。

そこに本包みを抱えた教員が彼の父を訪ねてやってきた。清兵衛の父は仕事へ出て留守だった。

「❷こういうことは全体家庭で取り締まっていただくべきで……。」教員はこんなことを言って清兵衛の母に食*ってかかった。母はただただ恐縮していた。

清兵衛はその教員の執念深さが急に恐ろしくなって、唇を震わしながら部屋の隅で小さくなっていた。教員のすぐ後ろの柱には手入れのできた瓢箪がたくさん下げてあった。今気がつくか今気がつくかと清兵衛はヒヤヒヤしていた。

さんざん小言を並べた後、教員はとうとうその瓢箪には気がつかずに帰っていった。清兵衛はほっと息をついた。清兵衛の母は泣き出した。そしてダラダラと愚痴っぽい小言を言い出した。

間もなく清兵衛の父は仕事場から帰ってきた。で、その話を聞くと、急にそばにいた清兵衛を捕まえてさんざんに殴りつけた。清兵衛はここでも「将来とても見込みのないやつだ。」と言われた。「もう貴様のようなやつは出ていけ。」と言われた。

清兵衛の父はふと柱の瓢箪に気がつくと、[13]玄能《げんのう》を持ってきてそれを一つ一つ割ってしまった。清兵衛はただ青くなって黙っていた。

さて、教員は清兵衛から取り上げた瓢箪を汚《けが》れたものででもあるかのように、捨てるように、年寄った学校の[14]小使いにやってしまった。小使いはそれを持って帰って、くす

❷ 「こういうこと」とはどのようなことか。

13 玄能 大型の金づち。

14 小使い 学校などで日常的な用務に従事する職員の旧称。現在では使われなくなっている。

〈恐縮〉〈小言〉〈愚痴〉
＊たんせいを凝らす
＊食ってかかる

ぶった小さな自分の部屋の柱へ下げておいた。

二か月ほどして小使いは僅かの金に困った時にふとその瓢簞をいくらでもいいから売ってやろうと思い立って、近所の骨董屋へ持っていって見せた。

骨董屋は*ためつ、すがめつ、それを見ていたが、❸急に冷淡な顔をして小使いの前へ押しやると、

「五円やったら貰《もろ》うとこう。」と言った。

小使いは驚いた。が、賢い男だった。*何食わぬ顔をして、

「五円じゃとても離し得やしえんのう。」と答えた。骨董屋は急に十円に上げた。小使いはそれでも承知しなかった。

結局五十円でようやく骨董屋はそれを手に入れた。――小使いは教員からその人の四か月分の月給をただ貰《もら》ったような幸福を心ひそかに喜んだ。が、彼はそのことは教員にはもちろん、清兵衛にもしまいまでまったく*知らん顔をしていた。だからその瓢簞の行方については誰も知る者がなかったのである。

しかしその賢い小使いも骨董屋がその瓢簞を地方の豪家《ごうか》に六百円で売りつけたことまでは想像もできなかった。

……清兵衛は今、絵を描くことに熱中している。これができた時に彼にはもう教員を

❸「急に冷淡な顔をし」たのはなぜか。

恨む心も、十あまりの愛瓢《あいびょう》を玄能で割ってしまった父を恨む心もなくなっていた。

しかし彼の父はもうそろそろ彼の絵を描くことにも小言を言い出してきた。

＊ためつ、すがめつ
＊何食わぬ顔をする
＊知らん顔をする

●理解●

(1)冒頭の段落はどのような効果をあげているか、考えなさい。
(2)清兵衛に対して「父」と「教員」が怒ったのはなぜか、それぞれ説明しなさい。
(3)清兵衛の「瓢箪」がどんどん高値で取り引きされるというエピソードは何を物語っているか、考えなさい。
(4)もし清兵衛、「父」、「教員」のそれぞれが清兵衛の「瓢箪」の引き取り値を知ったらどう思うか、想像してみよう。

水の東西

山崎正和《やまざきまさかず》

「[1]鹿《しし》おどし」が動いているのを見ると、その愛嬌のなかに、なんとなく人生のけだるさのようなものを感じることがある。かわいらしい竹のシーソーの一端に水受けがついていて、それに[2]筧《かけい》の水がすこしずつ溜《た》まる。静かに緊張が高まりながら、やがて水受けがいっぱいになると、シーソーはぐらりと傾いて水をこぼす。緊張が一気にとけて水受けが跳ねあがるとき、竹が石をたたいて、こおんと、くぐもった優しい音をたてるのである。

見ていると、単純な、ゆるやかなリズムが、無限にいつまでもくりかえされる。緊張が高まり、それが一気にほどけ、しかし❶何ごとも起こらない徒労がまた一から始められる。ただ、曇った音響が時を刻んで、庭の静寂と時間の長さを*いやがうえにもひきたてるだけである。水の流れなのか、時の流れなのか、「鹿おどし」はわれわれに流れるものを感じさせる。それをせきとめ、刻むことによって、この仕掛けはかえって流れてやまないものの存在を強調しているといえる。

私はこの「鹿おどし」を、ニューヨークの大きな銀行の待合室で見たことがある。日

山崎正和　一九三四（昭和九）—二〇二〇（令和二）年。劇作家・評論家。京都府生まれ。研ぎ澄まされた感覚で独自の日本文化論を展開した。著書に『劇的なる精神』『不機嫌の時代』などがある。この文章は一九七七年刊行の『混沌《こんとん》からの表現』に収められており、本文はその文庫版によった。

1 **鹿おどし**　庭園などに置かれた、水を利用して音を出す仕掛け。竹が石を打つときの音を楽しむもの。「添水《そうず》」ともいう。

2 **筧**　竹や木をくり抜き、樋《とい》にして水を引く装置。かけひ。

本の古い文化がいろいろと紹介されるなかで、あの素朴な竹の響きが西洋人の心を魅《ひ》きつけたのかもしれない。だが、ニューヨークの銀行では人々はあまりに忙しすぎて、ひとつの音と次の音との長い間隔を聴くゆとりはなさそうであった。それよりも窓の外に噴きあげる華やかな噴水のほうが、ここでは水の芸術としてあきらかに人々の気持ちをくつろがせていた。

流れる水と、噴きあげる水。

そういえばヨーロッパでもアメリカでも、町の広場にはいたるところにみごとな噴水があった。ちょっと名のある庭園に行けば、噴水はさまざまな*趣向を凝らして風景の中心になっている。有名なローマ郊外のエステ家の別荘[3]など、何百という噴水の群れが庭をぎっしりと埋めつくしていた。樹木も草花もここではそえものにすぎず、壮大な水の造型が轟《とどろ》きながら林立しているのに私は*息をのんだ。それは揺れ動くバロック[4]彫刻さながらであり、ほとばしるというよりは、音をたてて空間に静止しているように見えた。

時間的な水と、空間的な水。

鹿おどし

❶「何ごとも起こらない徒労」とはどのようなことか。

3 **エステ家の別荘**　ローマ近郊ティボリにある、多数の噴水で有名な別荘。十六世紀、枢機卿《すうきけい》エステにより修道院を改造して建てられた。

4 **バロック**　十六世紀末から十八世紀にかけてヨーロッパで流行した、絵画・建築などの様式。ルネサンス様式が均整を重視するのに対し、動的で豊かな装飾を特色とする。[フランス語] baroque

〈愛嬌〉〈造型〉
＊いやがうえにも
＊趣向を凝らす
＊息をのむ

そういうことをふと考えさせるほど、日本の伝統のなかに噴水というものは少ない。せせらぎを作り、滝をかけ、池を掘って水を見ることはあれほど好んだ日本人が、噴水の美だけは近代にいたるまで忘れていた。伝統は恐ろしいもので現代の都会でも、日本の噴水はやはり西洋のものほど美しくない。そのせいか東京でも大阪《おおさか》でも、町の広場はどことなく間*が抜けて、表情*に乏しいのである。

西洋の空気は乾いていて、人々が噴きあげる水を求めたということもあるだろう。ローマ以来の水道の技術が、噴水を発達させるのに有利であったということも考えられる。だが、人工的な滝を作った日本人が、噴水を作らなかった理由は、そういう外面的な事情ばかりではなかったように思われる。日本人にとって水は自然に流れる姿が美しいのであり、圧縮したりねじまげたり、粘土のように造型する対象ではなかったのであろう。

いうまでもなく、水にはそれじたいとして定まったかたちはない。そうして、かたちがないということについて、おそらく日本人は西洋人とちがった独特の好みを持っていたのである。[5]「行雲流水」という仏教的なことばがあるが、そういう思想はむしろ思想以前の感性によって裏づけられていた。❷それは外界にたいする受動的な態度というよりは、積極的に、かたちなきものを恐れない心の表れではなかったろうか。

エステ家別荘の噴水

5 **行雲流水**　行く雲と流れる水。自然のままに身を任せて行動・生活することのたとえ。

見えない水と、目に見える水。

もし、流れを感じることだけが大切なのだとしたら、われわれは水を実感するのにもはや水を見る必要さえないといえる。ただ断続する音の響きを聞いて、その間隙に流れるものを間接に心で味わえばよい。そう考えればあの「鹿おどし」は、日本人が水を鑑賞する行為の極致を表す仕掛けだといえるかもしれない。

2 「それ」とは何か。
〈外面的〉〈受動的〉〈間隙〉〈極致〉
＊間が抜ける
＊表情に乏しい

●理解●
(1)「鹿おどし」が「人生のけだるさ」（二二・1）を感じさせるのはなぜか、説明しなさい。
(2)「水の造型」（二三・12）を表現している比喩を抜き出して、その効果について考えなさい。
(3)「鹿おどし」が「水を鑑賞する行為の極致を表す仕掛け」（二五・4）であるのはなぜか、説明しなさい。
(4)「独特の好み」（二四・14）とあるが、筆者は、西洋人と日本人の「好み」の違いをどのようにとらえているか、まとめなさい。

恋の歌を読む

俵《たわら》 万智《まち》

逢《あ》ひ見てののちの心にくらぶればむかしはものを思はざりけり　[1]藤原敦忠《ふじわらのあつただ》

[2]百人一首でこの歌を知った私は、これは初恋の歌だとずっと思いこんでいた。その人に一目会ったその日から、思い悩む日々が始まった。恋なんて知らなかった昔は、なんにもものを思わなかったなあ――というような意味だと解釈していたのである。

が、高校の古典の授業で「逢ひ見る」とは、単に顔を見るというようなことではなく、男女が契*りを交わすことなのだと知って、びっくり。とするとこの歌は、恋が成就したあとの心を詠んだもの、ということになる。それにしては、ちっとも嬉《うれ》しそうじゃない。

「なーんだ、片思いの歌かと思って共感してたのに。[1]ぜいたくな悩みよねえ。両思いになってもまだ、ためいきが出るなんて。」

当時、片思いしか知らなかった私は、そう思った。まあ、年齢と経験に応じた解釈だったと言えるかもしれない。

が、いくつかの恋を経てからは、この歌の気持ちがとてもよくわかるようになってし

俵 万智　一九六二（昭和三七）年―。歌人。大阪《おおさか》府生まれ。一九八七年、歌集『サラダ記念日』の柔軟で清新な歌いぶりが注目を浴びた。歌集に『かぜのてのひら』、エッセイに『恋する伊勢《いせ》物語』などがある。この文章は一九九三年刊行の『短歌をよむ』に収められており、本文は同書によった。

1 **藤原敦忠**　九〇六―四三年。平安中期の歌人。三十六歌仙の一人。『敦忠集』がある。引用の歌は『拾遺集《しゅういしゅう》』所収。

2 **百人一首**　藤原定家《さだいえ》撰《せん》と伝えられる「小倉《おぐら》百人一

まった。つまり、恋愛のまっただなかにいるときの、いろんな悩みに比べれば、片思い時代のもの思いなんていうのは、まことに生やさしい。片思いというのは、自分一人の世界である。その閉じた世界のなかで傷ついたり、涙を流したりしていればいい。どんなに辛《つら》くても、主人公は自分。そこには一種の甘さがある。

一方恋愛となると、それはもう自分一人の感情から成り立つものではない。悩みやもの思いは、自分のなかではなく、自分と相手とのあいだに生まれてくる。傷つくのではなく、傷つけられる。あるいは傷つけてしまうことだってある。

また、片思い時代の悩みというのは、おおむね抽象的なものが多い。それが、現実の恋愛になると、すべてが具体的なかたちとなって現れてくる。たとえば片思いのときには、漠然と「会いたいなあ。」と思い、空を見上げていればよかった。が、恋人同士となると、いつ会えるのか、お互いが今どれだけ会いたいと思っているのか、忙しい相手ならどれほど努力して時間を作ってくれるのか……といったことが問題になってくる。そこに付随してくる感情の起伏は、ただの「会いたいなあ。」とは比べものにならないほど、複雑なのである。

近代短歌で恋の歌というと、やはりまず思いおこされるのは[3]与謝野晶子《よさのあきこ》だろう。若き日の[4]鉄幹《てっかん》との激しい恋は、第一歌集『みだれ髪』に*あますところなく表現されている。

首」のこと。天智《てんじ》天皇から順徳天皇に至る各時代の有名な歌人の歌を一人一首ずつ集めたもの。成立年未詳。

❶ 何が「ぜいたく」なのか。

3 **与謝野晶子** 一八七八—一九四二年。歌人。『みだれ髪』は、一九〇一年刊行で、藤島武二《ふじしまたけじ》の装丁。『白桜集』は、一九四二年刊行。

4 **鉄幹** 与謝野鉄幹、一八七三—一九三五年。本名、寛《ひろし》。詩人・歌人。「新詩社」を設立、雑誌「明星」を創刊した。詩歌集『東西南北』などがある。

〈漠然〉〈付随〉
＊契りを交わす
＊あますところなく

が、ここでは、最初の歌集ではなく最後の歌集の歌をとりあげたい。平《ひら》[5]野《の》万里《ばんり》によって編集された晶子の遺歌集『白桜《はくおう》集』である。鉄幹を亡くした後の心情を歌った作品が数多く収められており、私は『みだれ髪』の作品群よりも、こちらのほうに心が惹《ひ》*かれる。

鉄幹は、二人が結ばれたころが最盛期で、後は世間的には不遇の時代が続いた。客観的に見れば、妻の晶子のほうが、よっぽど活躍している。現代のキャリアウーマン[6]だったら、離婚してしまうのではないだろうか、とさえ思われる状況だ。しかし二人は五男六女をもうけ、結婚後三十年以上（多少の波乱はあったものの）うまくやってきた。そして、鉄幹の死を詠んだ晶子の歌を読むと、ほとんどが挽歌《ばんか》[7]というよりは、恋の歌なのである。このことにまず、感動させられる。六十歳近くになってなお、晶子は鉄幹に惚《ほ》れているのだ。

与謝野晶子『みだれ髪』表紙

5 平野万里 一八八五―一九四七年。歌人。「新詩社」同人。歌集に『若き日』などがある。

6 キャリアウーマン 職業を持った女性。［英語］career woman

7 挽歌 人の死を悼む歌。

青空のもとに楓《かへで》のひろがりて君亡き夏の初まれるかな

君がいなくなっても、去年と同じように夏がやってくる。もちろん来年もまた同じように。季節は、君がいないことなど、まるで気がつかないように繰り返すつもりなのだろう。けれど私にとってそれは、ただの夏ではない。これからは永遠に「君亡き」という限定つきの夏なのだ……。

この歌を読んでいると、夏は一つの具体例にすぎないのだ、と思われる。晶子にとっては、君亡き春、君亡き夏、君亡き秋、君亡き冬が淡々とめぐり、君亡き一年が終わる。それは君亡き今日、君亡き今の積み重ねなのだ、とも言えるだろう。

封筒を開けば君の歩み寄るけはひ覚ゆるいにしへの文

かつて鉄幹からもらった恋文だろう。懐かしいその封筒を開くとき、ふと彼が歩み寄る気配を思いだす……。8和泉式部《いずみしきぶ》が黒髪を乱し、*うち臥《ふ》したとき、ふとその髪をかき撫《な》でられた感触を思いだした瞬間。それと❷通じるものがあるように、私には思われる。

このように、いつの時代にも、さまざまな言葉で、恋の歌は詠まれてきた。極端なことを言えば、恋の歌の場合、作者の伝えたい心というのは「私は○○さんが好き。」と

8 **和泉式部** 九七九?—一〇三六?年。平安中期の女流歌人。恋を歌ったものが多い。『和泉式部集』『和泉式部日記』がある。ここでは、「黒髪の乱れも知らずうち臥せばまづかきやりし人ぞ恋しき」(『和泉式部集』)という歌が念頭に置かれている。

❷「通じるもの」とは何か。

〈不遇〉〈客観的〉
*心が惹かれる
*うち臥す

いうことに尽*きる。その心が、作者に歌を詠ませる。が、私たちは「そうか、○○さんが好きなのか。」ということを知りたくて読むわけではない。

　どんなふうに、好きなのか。それはどんな恋なのか。どんな言葉で作者はその思いを綴《つづ》っているのか。読みたいのは、まず言葉の部分である。そしてその言葉が私たちの心を揺らしたときはじめて、作者の心の揺れが伝わってくる。

『万葉集』[9]東歌《あずまうた》[10]の一首、

　多摩川[11]にさらす手作り[12]さらさらになにそ[13]この児《こ》のここだかなしき

にしても、作者の言いたいことはつまり「ここだかなしき（こんなにも愛《いと》しい）」に尽きる。が、その言葉だけでは、私たちには何の感動も伝わってこない。そこに至る「多摩川にさらす手作りさらさらになにそこの児の」という言葉の響きやイメージの連なりを味わうことによってはじめて「ここだかなしき」の心に触れることができるのである。

　千年以上前から詠まれてきた恋の歌。現在もなおそれらは読みつがれているし、今日にも恋の歌は詠みつづけられている。

　ところで、五七五七七、という限られた字数でありながら、まったく同じ言葉の組み合わせで詠まれた歌というのはない。煎*じ詰めれば「○○さんが好き。」ということを、誰もが自分なりの言葉で、表現せずにはいられないのである。古典を読むおもしろさの

9 **『万葉集』**　わが国に現存する最古の歌集。編者・成立年未詳。二十巻、約四千五百首を収めている。

10 **東歌**　東国地方で作られた短歌。『万葉集』巻十四に収められている。

11 **多摩川**　秩父《ちちぶ》山地に発して、東京都南部を流れ、東京湾に注ぐ川。

12 **手作り**　手織りの布。

13 **なにそ**　何ぞ。どうして。

一つは、いかに昔の人たちが、自分なりの表現をしてきたか、を味わうことにあるだろう。

しかも短歌の場合、どの時代にあっても、土俵は同じ五七五七七。今を生きる自分も、同じ土俵で相撲がとれるのである。千年前の人も、五百年前の人も、十年前の人も、さらには百年後の人も、みーんな同志であり、みーんなライバルなのである。

＊……に尽きる
＊煎じ詰める

●理解●

(1)「そこに付随してくる感情の起伏」（二七・13）にはどのようなものがあるか、考えなさい。

(2)「『多摩川にさらす手作りさらさらになにそこの児の』という言葉の響きやイメージの連なり」（三〇・9）とはどのようなものか、考えなさい。

(3)「同志」（三一・5）であり、「ライバル」（同）であるとはどのようなことか、説明しなさい。

(4)「なーんだ」（二六・8）や「みーんな」（三一・5）という表現のもつ効果について、話し合ってみよう。

指

鷺沢《さぎさわ》　萠《めぐむ》

海岸線に沿った国道をちょっと脇道に入った角に、喜一《きいち》の勤めるガソリンスタンドはある。高校を卒業したあと、二年間自動車整備の学校へ通って、友人の口利き*でここに勤めはじめた。

アルバイトはたくさんいるけれど、社員として働いているのはごくわずかだ。マネージャーの次に古顔の浩司《こうじ》は高校を中退してこのスタンドに勤めはじめたと聞くが、喜一とは同い年ということもあって仲が良い。入れ替わりの激しいアルバイトの中で長く続いているのは悦子《えつこ》という女の子だ。マネージャーの親類の娘だという話だが、小さな体でこまごまとよく働く。

顔は十人並み*以上と言える悦子だが、いつも冷たい水にさらしているため手はガサガサに荒れてしまっている。あかぎれやしもやけだらけの悦子の指を、浩司がよく[1]「象の鼻」と言ってからかう。悦子は気にも留めないふう*を装っているが、喜一は、悦子がしばしば洗面所に入るのは手にクリームをすりこんでいるためだと知っている。喜一はそんな悦子が好きだった。

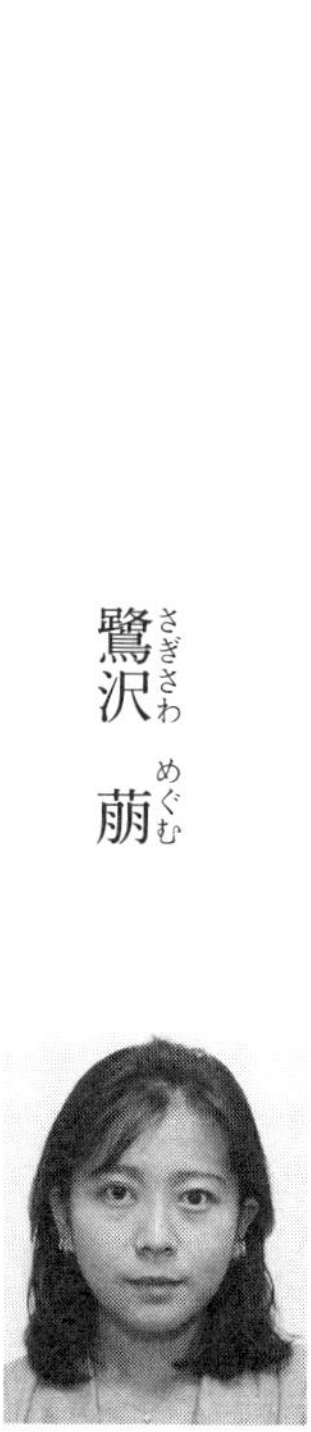

鷺沢　萠　一九六八（昭和四三）―二〇〇四（平成一六）年。小説家。東京都生まれ。高校三年時に書いた『川べりの道』で鮮烈にデビュー。作品に『帰れぬ人びと』『F落第生』などがある。この作品は一九九〇年刊行の『海の鳥・空の魚』に収められており、本文はその文庫版によった。

[1]「象の鼻」という比喩には、どのような意味が込められているか。

喜一のスタンドにその車がやってきたのは、暦の上ではようやく春になり、そろそろ仕事がやりやすくなりはじめたころだった。その日早番だった喜一は、夕方すぎに青い作業服を脱いでジーンズに着替え、熱い缶コーヒーで冷えた指先を温めていた。

事務所のレジの内側に座って外を眺めていると、ガラスのむこうでそろいの青い作業服姿の浩司とマネージャーが、肩をつつき合ってじゃれているのが見えた。マネージャーは浩司を息子のようにかわいがっている。浩司は人なつこくて客扱いもうまいのだが、高級車に乗ってくるアベックにはひどくぞんざいに接する癖があった。灰皿の交換さえしないことがある。マネージャーはそんなときの浩司を、見て見ぬフリをしているふしがあった。

隅の洗車機から水びたしの車が出てきた。悦子に呼ばれた浩司がその車の方に駆けていく。洗車を終えた車をふたりがかりで拭いているのを見ながら、喜一は、ああしていくうちに悦子の指のしもやけはまたもや悪化するのだろうな、などとぼんやり考えていた。

車を拭うふたりの後ろ姿を、矢のような光が射し照らしたのはそのときだった。赤いアウディ[1]がスタンドに入ってきていた。左側のヘッドライトが壊れてしまっているらしく、矢のように見えたのは不自然な形で前方を照らしている右側のライトだった。

1 **アウディ** ドイツの自動車メーカー。一九〇一年創業。デザインの優れた高級車として定評がある。

〈脇道〉〈暦〉〈息子〉
〈癖〉
＊口利き
＊十人並み
＊……ふうを装う

「いらっしゃいませえッ。」

声だけは威勢のいい新入りのアルバイトが赤いアウディに駆け寄っていく。スタンド内の黄色い灯《あか》りに照らされて、助手席に座っている若い女の横顔が見えた。

――浩司じゃなくて良かったナ。

喜一は心の中で、赤い車の運転席から身を乗り出している若い男に話しかけた。

「あれ……。」

ガラス窓のこちら、レジの内側に座って、見るともなしに赤いアウディを眺めていた喜一は思わずそうつぶやいた。運転席の男の話にしばらくうなずいたり*首をかしげたりしていたアルバイトが、困った顔になって喜一の方を見たからだった。

――どうしたんだろう。

そう思った喜一が腰を浮かせたのと同時に、アルバイトは洗車機の方に向かって大声を出した。

「浩司さアん。」

呼ばれた浩司はパッとアウディに*一瞥《いちべつ》をくれると、雑巾を片手に持ったままゆっくりと赤い車に近づいていった。

立ったままでアルバイトの話を聞いていた浩司は、やがて手にした雑巾を投げつけるようにアルバイトに渡すと、あからさまに嫌な顔をして赤いアウディの前方に回りこんだ。

喜一は立ちあがって事務所のガラス扉を開け、大声を出した。

「なんかあったア？」

浩司は喜一の方をちらりと見ただけで、またむくれたような顔で腕を組んだ。喜一は外に出て赤い車の傍らに駆け寄り、もう一度浩司に訊《き》いた。

「どうしたよ。」

浩司は面倒そうに、ケッと声にならぬような声を出してから答えた。

「ライト壊れちゃってンだって。」

「うん、さっき見たけど……。」

「直してほしいって言うんだけどさ。」

「切れちゃってンだろ？　部品がないと直せないじゃん。」

「おれもそう言って断ろうとしたんだけどさ……。部品は持ってるって言うんだよ。」

「へえ……。」

「これから込むしさ。時間かかるし、人手もないし……。参ったなア。」

浩司はそう言って舌打ちすると、さらに小さな声で喜一の耳もとにささやいた。

「適当に言って追っぱらうか。」

〈威勢〉〈面倒〉
＊首をかしげる
＊一瞥をくれる

喜一はそっと赤い車を盗み見た。助手席で不安げな顔をしていた女と、喜一の視線がフッと触れた。それが合図のように女は車から降りてきて、良からぬささやき合いをしている喜一と浩司の方を遠慮がちに見つめた。❷カシミア[2]のセーターの肩が小刻みに震えている。

「いいよ、俺やってやるよ。」

ほとんど無意識のうちに、女を見ていた喜一の口からそんなことばが飛び出していた。

「ええ!? いいよオ、面倒臭いじゃん。第一、喜一はもうあがってンだろ[3]。」

「うん、でもいいよ、やるよ。」

喜一はそう答えて運転席の側に回った。別の車の給油を終えたマネージャーが、「なんかあったのかア。」と言いながらこちらに近づいてきた。

「何でもないっす。」

浩司は大声でそれに答えた。給油のための車が続けて二台入ってきて、浩司はもうアウディにかかずりあってはいられなくなった。

「金は取れよ。」

駆け出し際に、浩司が喜一の耳もとで低く言った。

運転席の男も車から降りて、革のジャケットの裾をピンと伸ばすようにした。

喜一は工具箱を持ってくると、男から部品を受け取って赤い車の前方にしゃがみこん

❷「女」が「遠慮がちに見つめた」のはなぜか。

2 **カシミア**　カシミールヤギの毛を用いた高級毛織物。またそれを模したもの。［英語］cashmere

3 **あがってンだろ**　「あがる」は、仕事が終わる、勤務を終える、の意。

だ。

ライトのつけ替えは時間と手間がかかる。しゃがみこんで作業に集中する喜一の後ろで、男は革ジャケットのポケットに手を突っこんだまま喜一の様子をただ眺めていた。女の方は喜一の横、少し離れた位置で中腰になって、喜一の手もとを見つめている。いい匂いがすると思ったのは、女の香水らしかった。

そのとき喜一は突然、油の染みついた自分の黒い指をひどく憎らしく思った。依然[*]として男は喜一の背後でポケットに手を突っこんで構え、女は喜一の汚れた指が動くのをじっと見つめている。手を動かしながら、喜一は自分の体の中で何かが熱を持ち、熱く膨れあがってくるのを感じた。喉もとまでせまった[3]そんな思いに負けまいとするように、喜一は女の顔をにらむように見返した。

女は少しとまどい、困ったような顔でほほえんだ。ほほえんだ顔はきれいだった。中腰になった膝のところで体を支えている女の指はしなやかに長い。赤いマニキュア[4]がぬれたように光った。喜一の体の内側がますます熱く膨れあがった。

立て続けに入ってきた幾台かの車の給油を終えて、浩司と悦子が赤いアウディに近づいてきたとき、ライトのつけ替えは完了した。

「終わったのォ?」

立ちあがった喜一を見て悦子が声をかけた。喜一は振りむいて悦子を見た。青い作業

❸「そんな思い」とは何か。

4 マニキュア 手の爪の手入れ、化粧。ここではそれに使われたエナメル液。[英語] manicure

＊依然として

——〈遠慮〉〈中腰〉〈幾台〉

服を着た悦子が、急にひどく野暮ったく見えた。

女も腰を伸ばし、車の中からバッグを取り出して喜一に言った。

「じゃあ、お支払いの方を。」

はじめて聞く女の声は高く透きとおっていた。喜一の中で激しく膨らんでいた思いが、そのときプスンと音を立てた。

「いいんです。」

体が急速に冷えはじめるのを感じながら喜一は言った。

「え？」

「いいんです、僕がやりたくてやったんだから。」

「え、でも……。」

「いいんです。早く行ってください、ほかの車のジャマになるから。」

喜一はほとんど追いたてるようにして、ふたりを赤いアウディに乗りこませた。

ライトの直った車は、前方のアスファルトを明るく照らし出した。遠ざかる赤い車の[5]テイルランプを突っ立ったまま見つめる喜一の肩を、ポンとたたいた悦子の指は、❹やはりしもやけで腫れていた。

「いらっしゃいませえッ。」

マネージャーと新入りのアルバイトが同時に叫んで、浩司と悦子は向こうを振り返っ

5 テイルランプ 「テイルライト（taillight）」と同じ。自動車などの後尾に付いている赤色の灯火。

❹ 「やはり」には、どのよ

うな気持ちが込められているか。

た。慌てて駆け出した悦子を追うように二、三歩向こうへ進んだ浩司が、くるりと振りむいて喜一の傍らに戻った。

「バカ。」

さっきのように耳もとで低くつぶやいた浩司は、「いらっしゃいませえッ。」と叫びながら新しく入ってきた車の方へ駆けていった。

身体の内側に熱の余韻を感じながら、喜一は足もとのコンクリートに目を落とした。あたりはすっかり暗くなって、ぬれたコンクリートが黄色い灯りに光っていた。

一〈余韻〉

●理解●

(1)本文は空き行によって三段落に分けられているが、各段落のあらすじをまとめなさい。
(2)「指」についての描写をすべて抜き出し、人物ごとに整理しなさい。
(3)「喜一の視線がフッと触れた」（三六・1）という表現にはどのような特徴があるか、考えなさい。
(4)「バカ。」（三九・3）という浩司のことばにはどのような気持ちが込められているか、考えなさい。

檸檬《れもん》

梶井《かじい》基次《もとじ》郎《ろう》

　えたいの知れない不吉な塊が私の心をしじゅう圧《おさ》えつけていた。焦燥といおうか、嫌悪といおうか――酒を飲んだあとに宿酔《ふつかよい》があるように、酒を毎日飲んでいると宿酔に相当した時期がやってくる。それが来たのだ。これはちょっといけなかった。結果した肺《はい》[1]尖《せん》カタルや神経衰弱がいけないのではない。また背を焼くような借金などがいけないのではない。いけないのはその不吉な塊だ。以前私を喜ばせたどんな美しい音楽も、どんな美しい詩の一節も辛抱がならなくなった。[2]蓄音器を聴かせてもらいにわざわざ出かけていっても、最初の二、三小節で不意に立ち上がってしまいたくなる。何かが私をいたたまらずさせるのだ。それでしじゅう私は街から街を浮浪し続けていた。

　なぜだかその頃私は見すぼらしくて美しいものに強くひきつけられたのを覚えている。風景にしても壊《くず》れかかった街だとか、その街にしてもよそよそしい表通りよりもどこか親しみのある、汚い洗濯物が干してあったりがらくたが転がしてあったりむさくるしい部屋がのぞいていたりする裏通りが好きであった。雨や風がむしばんでやがて土に帰ってしまう、といったような趣のある街で、土塀が崩れていたり家並が傾きかかっていた

梶井基次郎　一九〇一（明治三四）―三二（昭和七）年。小説家。大阪《おおさか》府生まれ。感受性豊かな私小説風の短編を得意とした。作品に、『城のある町にて』『冬の日』などがある。この作品は一九二五年に発表されたもので、本文は「梶井基次郎全集」第一巻によった。

1　肺尖カタル　肺の上部尖端に生ずる初期の肺結核。

2　蓄音器　円盤に吹き込んだ音を再生する装置。

り——勢いのいいのは植物だけで、時とするとびっくりさせるような向日葵《ひまわり》があったりカンナが咲いていたりする。

　時々私はそんな路《みち》を歩きながら、ふと、そこが京都ではなくて京都から何百里[3]も離れた仙台とか長崎とか——そのような市《まち》へ今自分が来ているのだ——という錯覚を起こそうと努める。私は、できることなら京都から逃げ出して誰一人知らないような市へ行ってしまいたかった。第一に安静。がらんとした旅館の一室。清浄な布団。匂いのいい蚊帳と糊《のり》のよくきいた浴衣。そこで一月ほど何も思わず横になりたい。*ねがわくはここがいつの間にかその市になっているのだったら。——錯覚がようやく成功しはじめると私はそれからそれへ想像の絵の具を塗りつけてゆく。何のことはない、私の錯覚と壊れかかった街との二重写しである。そして❶私はその中に現実の私自身を見失うのを楽しんだ。

　私はまたあの花火というやつが好きになった。花火そのものは第二段として、あの安っぽい絵の具で赤や紫や黄や青や、様々の縞模様《しまもよう》を持った花火の束、中山寺《なかやまでら》[4]の星下り、花合戦、枯れすすき。それから鼠《ねずみ》[5]花火というのは一つずつ輪になっていて箱に詰めてある。そんなものが変に私の心をそそった。

　それからまた、びいどろ[6]という色硝子《ガラス》で鯛《たい》や花を打ち出してあるおはじきが好きになったし、南京玉《ナンキンだま》[7]が好きになった。またそれを嘗《な》めてみるのが私にとって何ともいえない

3 **里**　距離の単位。一里は、約四キロメートル。

❶「私はその中に現実の私自身を見失うのを楽しんだ」とはどのようなことか。

4 **中山寺の星下り**　以下「花合戦」「枯れすすき」とも花火の種類。中山寺は、兵庫《ひょうご》県宝塚《たからづか》市にある寺。

5 **鼠花火**　点火すると地面を勢いよく走り回ってから破裂する花火。

6 **びいどろ**　ガラスのこと。ビードロ。[ポルトガル語] vidro

7 **南京玉**　陶製やガラス製の小さな玉に穴をあけたもの。ビーズ。

〈焦燥〉〈錯覚〉〈清浄〉

*ねがわくは

享楽だったのだ。あのびいどろの味ほどかすかな涼しい味があるものか。私は幼い時よくそれを口に入れては父母に叱られたものだが、❷その幼時のあまい記憶が大きくなって落ちぶれた私によみがえってくるせいだろうか、まったくあの味にはかすかなさわやかな何となく詩美といったような味覚が漂っている。

　察しはつくだろうが私にはまるで金がなかった。とはいえそんなものを見て少しでも心の動きかけた時の私自身を慰めるためには贅沢《ぜいたく》ということが必要であった。二銭[8]や三銭のもの――といって贅沢なもの。美しいもの――といって無気力な私の触角にむしろ媚《こ》びてくるもの。――そういったものが自然私を慰めるのだ。

　生活がまだむしばまれていなかった以前私の好きであったところは、例えば丸善《まるぜん》[9]であった。赤や黄のオードコロン[10]やオードキニン[11]。しゃれた切り子細工[12]や典雅なロココ趣味[13]の浮き模様を持った琥珀《こはく》色や翡翠《ひすい》色の香水壜《びん》。煙管《きせる》[14]、小刀、石鹼《せっけん》、煙草《たばこ》。私はそんなものを見るのに小一時間も費やすことがあった。そして結局一等いい鉛筆を一本買うくらいの贅沢をするのだった。しかしここもうその頃の私にとっては重くるしい場所にすぎなかった。書籍、学生、勘定台、これらはみな借金取りの亡霊のように私には見えるのだった。

　ある朝――その頃私は甲の友達から乙の友達へというふうに友達の下宿を転々として暮らしていたのだが――友達が学校へ出てしまったあとの空虚な空気のなかにぽつねん

❷「その幼時のあまい記憶」とはどのようなものか。

8 **銭**　貨幣の単位。一三ページ参照。

9 **丸善**　書店の名前。洋書のほか、文具・雑貨などの輸入品も扱っていた。

10 **オードコロン**　香水の一種。芳香を加えたアルコール性の水溶液。オーデコロン。［フランス語］eau de Cologne

11 **オードキニン**　養毛剤・整髪料の一種。［フランス語］eau de quinine

12 **切り子細工**　ガラスに彫刻や切り込みなどの細工

と一人取り残された。私はまたそこからさまよい出なければならなかった。何かが私を追いたてる。そして街から街へ、先にいったような裏通りを歩いたり、駄菓子屋の前で立ち留まったり、乾物屋の干し蝦《えび》や[15]棒鱈《ぼうだら》や[16]湯葉《ゆば》を眺めたり、とうとう私は二条のほうへ寺町を下がり、そこの果物屋で足を留めた。ここでちょっとその果物屋を紹介したいのだが、その果物屋は私の知っていた範囲で最も好きな店であった。そこは決して立派な店ではなかったのだが、果物屋固有の美しさが最も露骨に感ぜられた。果物はかなり勾《こう》配《ばい》の急な台の上に並べてあって、その台というのも古びた黒い漆塗りの板だったように思える。何か華やかな美しい音楽の[17]快速調《アッレグロ》の流れが、見る人を石に化したという[18]ゴルゴンの鬼面――的なものを差しつけられて、あんな色彩やあんなヴォリウムに凝り固まったというふうに果物は並んでいる。青物もやはり奥へゆけばゆくほどうず高く積まれている。――実際あそこのにんじん葉の美しさなどはすばらしかった。それから水に漬けてある豆だとか[19]くわいだとか。

またそこの家の美しいのは夜だった。寺町通りはいったいににぎやかな通りで――といって感じは東京や大阪《おおさか》よりはずっと澄んでいるが――飾り窓の光がおびただしく街路へ流れ出ている。それがどうしたわけかその店頭《みせさき》の周囲だけが妙に暗いのだ。もともと片方は暗い二条通りに接している街角になっているので、暗いのは当然であったが、その隣家が寺町通りにある家にもかかわらず暗かったのがはっきりしない。しかしその家

をほどこしたもの。

13 ロココ　十八世紀にヨーロッパで流行した芸術様式。曲線模様を多用し優美さを強調した。［フランス語］rococo

14 煙管　きざみタバコを吸う道具。

15 棒鱈　干し鱈。

16 湯葉　豆乳を煮、その上面にできた薄膜を干して作った食品。

17 快速調　速度を表す音楽用語の一つ。アレグロ。［イタリア語］allegro

18 ゴルゴン　ギリシア神話のなかの三人姉妹の怪物。蛇の頭髪を持ち、目は人を石に化す力があった。

19 くわい　オモダカ科の多年草。水田などで栽培し、地下球茎を食用にする。

――〈詩美〉〈亡霊〉〈空虚〉〈固有〉〈露骨〉〈漆〉

が暗くなかったら、あんなにも私を誘惑するには至らなかったと思う。もう一つはその家の打ち出した廂《ひさし》なのだが、その廂が眼深《まぶか》にかぶった帽子の廂のように――これは形容というよりも、「おや、あそこの店は帽子の廂をやけに下げているぞ。」と思わせるほどなので、廂の上はこれも真っ暗なのだ。そう周囲が真っ暗なため、店頭に点《つ》けられた幾つもの電灯が[20]驟雨《しゅうう》のように浴びせかける絢爛《けんらん》は、周囲の何者にも奪われることなく、ほしいままにも美しい眺めが照らし出されているのだ。裸の電灯が細長い螺旋《らせん》棒をきりきり目の中へ刺し込んでくる往来に立って、また近所にある[21]鎰屋《かぎや》の二階の硝子窓をすかして眺めたこの果物店の眺めほど、その時々の私を興がらせたものは寺町の中でもまれだった。

その日私はいつになくその店で買い物をした。というのはその店には珍しい檸檬が出ていたのだ。檸檬などごくありふれている。がその店というのも見すぼらしくはないまでもただあたりまえの八百屋にすぎなかったので、それまであまり見かけたことはなかった。いったい私はあの檸檬が好きだ。レモンイエロウの絵の具をチューブからしぼり出して固めたようなあの単純な色も、それからあの丈の詰まった紡錘《ぼうすい》形の格好も。――結局私はそれを一つだけ買うことにした。それからの私はどこへどう歩いたのだろう。私は長い間街を歩いていた。しじゅう私の心を圧えつけていた不吉な塊がそれを握った瞬間からいくらかゆるんできたとみえて、私は街の上で非常に幸福であった。あんなに

20 驟雨　にわか雨。夕立ち。

21 鎰屋　二条にあった菓子屋。二階に喫茶室があった。

3　「逆説的な本当」とはどのようなことか。

しつこかった憂鬱が、そんなものの一顆《か》で紛らされる——あるいは不審なことが、逆説[3]的な本当であった。それにしても心というやつは何という不可思議なやつだろう。

その檸檬の冷たさはたとえようもなくよかった。その頃私は肺尖を悪くしていていつも体に熱が出た。事実友達の誰彼に私の熱を見せびらかすために手の握り合いなどをしてみるのだが、私の掌《てのひら》が誰のよりも熱かった。その熱いせいだったのだろう、握っている掌から身内に浸《し》みとおってゆくようなその冷たさは快いものだった。

私は何度も何度もその果実を鼻に持っていっては嗅いでみた。それの産地だというカ[22]リフォルニヤが想像に上ってくる。漢文で習った[23]「売柑者之言《ばいかんしゃのげん》」の中に書いてあった「鼻を撲《う》つ」という言葉がきれぎれに浮かんでくる。そしてふかぶかと胸一杯に匂やかな空気を吸い込めば、ついぞ胸一杯に呼吸したことのなかった私の体や顔には温かい血のほとぼりが昇ってきて何だか身内に元気が目覚めてきたのだった。……

実際あんな単純な冷覚や触覚や嗅覚や視覚が、ずっと昔からこればかり探していた

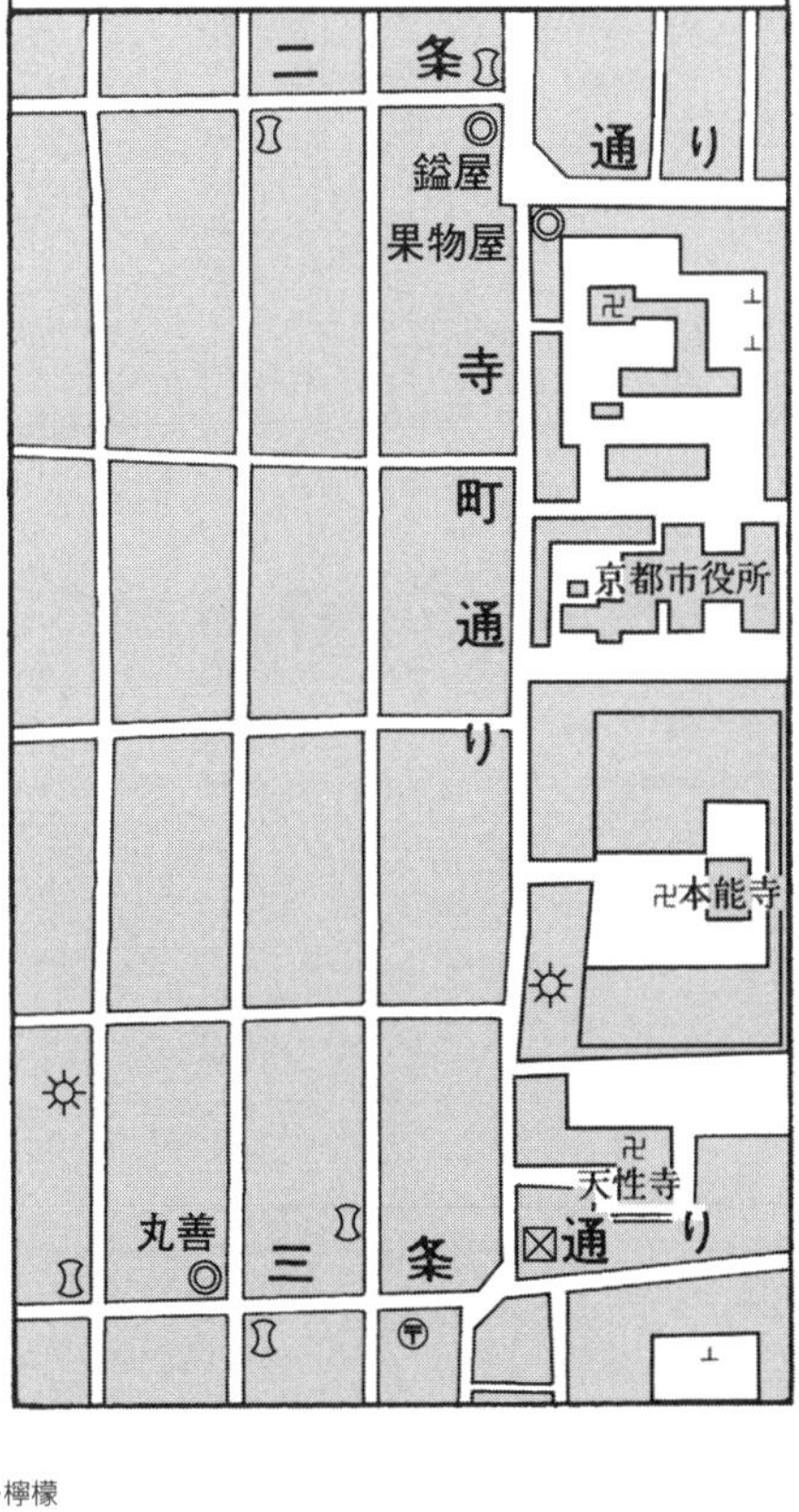

寺町通り周辺図（1929年頃）

22 **カリフォルニヤ**　アメリカ合衆国南西部の州。柑《かん》橘《きつ》類の栽培が盛んな地域。

23 **「売柑者之言」**　明《みん》の劉基《りゅうき》（一三一一—七五年）の風刺文。その文中に、「剖《さケバ》レ之《これヲ》、如《ごとシ》三有《り》レ煙撲《ツガ》二口鼻《ヲ》一。」とある。

一〈帽子〉〈憂鬱〉〈嗅覚〉

のだといいたくなったほど私にしっくりしたなんて私は不思議に思える――それがあの頃のことなんだから。

私はもう往来を軽やかな興奮に弾んで、一種誇りかな気持ちさえ感じながら、美的装束をして街を闊歩《かっぽ》した詩人のことなど思い浮かべては歩いていた。汚れた手拭いの上へ載せてみたりマントの上へあてがってみたりして色の反映を量ったり、またこんなことを思ったり、

――つまりはこの重さなんだな。――

その重さこそ常々私が尋ね*あぐんでいたもので、疑いもなくこの重さはすべての善いものすべての美しいものを重量に換算してきた重さであるとか、**4** 思いあがった諧謔《かいぎゃく》心からそんなばかげたことを考えてみたり――何がさて私は幸福だったのだ。

どこをどう歩いたのだろう、私が最後に立ったのは丸善の前だった。平常あんなに避けていた丸善がその時の私にはやすやすと入れるように思えた。

「今日は一つ入ってみてやろう。」そして私はずかずか入っていった。

しかしどうしたことだろう、私の心を満たしていた幸福な感情はだんだん逃げていった。香水の壜にも煙管にも私の心はのしかかってはゆかなかった。憂鬱が立てこめてくる、私は歩き回った疲労が出てきたのだと思った。私は画本《えほん》の棚の前へ行ってみた。画集の重たいのを取り出すのさえ常に増して力が要るな！　と思った。しかし私は一冊ず

4 「思いあがった諧謔心」という表現を用いているのはなぜか。

つ抜き出してはみる、そして開けてはみるのだが、克明にはぐってゆく気持ちはさらに湧いてこない。しかも呪われたことにはまた次の一冊を引き出してくる。それも同じことだ。それでいて一度バラバラとやってみなくては気*が済まないのだ。それ以上はたまらなくなってそこへ置いてしまう。以前の位置へ戻すことさえできない。私は幾度もそれを繰り返した。とうとうおしまいには日頃から大好きだったアングル[24]の橙《だいだい》色の重い本までなおいっそうの堪え難さのために置いてしまった。——何という呪われたことだ。手の筋肉に疲労が残っている。私は憂鬱になってしまって、自分が抜いたまま積み重ねた本の群れを眺めていた。

以前にはあんなに私をひきつけた画本がどうしたことだろう。一枚一枚に目を晒《さら》し終わって後、さてあまりに尋常な周囲を見回す時のあの変にそぐわない気持ちを、私は以前には好んで味わっていたものであった。……

「あ、そうだそうだ。」その時私は袂《たもと》の中の檸檬を思い出した。本の色彩をゴチャゴチャに積みあげて、一度この檸檬で試してみたら。「そうだ。」

私にまた[5]先ほどの軽やかな興奮が帰ってきた。私は手当*たり次第に積みあげ、また慌ただしくくずし、また慌ただしく築きあげた。新しく引き抜いてつけ加えたり、取り去ったりした。奇怪な幻想的な城が、その度に赤くなったり青くなったりした。

やっとそれは出来上がった。そして軽く跳《おど》りあがる心を制しながら、その城壁の頂に

24 アングル Jean Auguste Dominique Ingres 一七八〇—一八六七年。フランス新古典主義の画家。左図は、代表作「ヴァルパンソンの浴女」（一八〇八年）。

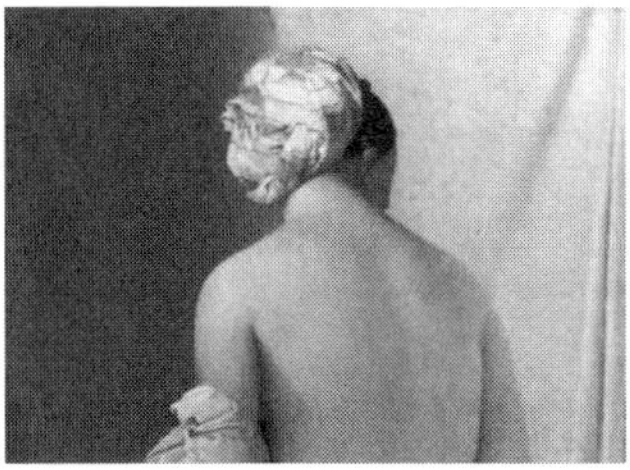

5 「先ほどの軽やかな興奮」とはどのようなものか。

〈装束〉〈換算〉〈克明〉〈尋常〉〈奇怪〉

＊……あぐむ

＊気が済む

＊手当たり次第

開店当時の丸善京都支店（1907年）

恐る恐る檸檬を据えつけた。そしてそれは上出来だった。

見わたすと、その檸檬の色彩はガチャガチャした色の諧調《かいちょう》をひっそりと紡錘形の体の中へ吸収してしまって、カーンと冴《さ》えかえっていた。私は埃《ほこり》っぽい丸善の中の空気が、その檸檬の周囲だけ変に緊張しているような気がした。私はしばらくそれを眺めていた。

不意に第二のアイディアが起こった。その奇妙なたくらみはむしろ私をぎょっとさせた。

――それをそのままにしておいて私は、何食わぬ顔をして外へ出る。――

私は**6**変にくすぐったい気持ちがした。「出ていこうかなあ。そうだ出ていこう。」そして私はすたすた出ていった。

変にくすぐったい気持ちが街の上の私をほほえませた。丸善の棚へ黄金色に輝く恐ろ

6「変にくすぐったい気持ち」とはどのような「気持ち」か。

25 活動写真　映画の旧称。

26 京極　もともとは京の端の意。平安京の時代に、

しい爆弾を仕掛けてきた奇怪な悪漢が私で、もう十分後にはあの丸善が美術の棚を中心として大爆発をするのだったらどんなにおもしろいだろう。

私はこの想像を熱心に追求した。「そうしたらあの気詰まりな丸善も木っ端みじんだろう。」

そして私は活[25]動写真の看板画が奇体な趣で街を彩っている京極《きょうごく》[26]を下がっていった。

京都の東の端（東京極）は現在の寺町通りだった。寺町通り東側の三条から四条あたりが歓楽街を形成している。

一〈緊張〉〈爆弾〉

●理解●

(1)「私」の心情や行動にそって本文をいくつかの場面に分け、それぞれ内容をまとめなさい。

(2)「その日私はいつになくその店で買い物をした。」（四四・10）とあるが、「その日」の「私」の行動や心理が描かれている部分を場面ごとに抜き出して、整理しなさい。

(3)「丸善」で「私」が「積み重ねた本の群れ」（四七・7）の上に、「檸檬を据えつけた」（四八・1）のはどのような気持ちからか、考えなさい。

(4)本文で多用されているダーシ（——）は、それぞれどのような働きをしているか、考えなさい。

水かまり

川上弘美《かわかみひろみ》

「そんな端を歩くと危ないぞ。」

ケン坊がうしろから言った。川幅は、このあたりで少し広くなる。あと何キロか下ると海だ。河口から飛んできたカモメが向こう岸の工場の屋根にとまっている。ケン坊はわたしのみつあみの片方を軽く引っぱった。

「いたいよ。」とわたしが言うと、ケン坊はかすかに笑った。家に帰ってきてから、ケン坊は❶かすかにしか笑わなくなってしまった。昔はあんなにふわっと大きく笑ったのに。

「犬の紐《ひも》がわりだ。」そう言いながら、ケン坊はもう一度みつあみを引っぱった。カモメが高く鳴いた。平たい石をひろって、わたしは水面に投げた。石は一つだけ水を切って飛び、すぐに沈んだ。

「少し、できるようになったな。」言いながら、ケン坊はわたしの横に来て並んだ。わたしがおもいきり背伸びをしても、ケン坊の胸までしか届かない。ケン坊はその大きなてのひらにちょうどいい大きさの石をのせて、ぐっと肩を落とした。そのまますいと石を投げる。石は水面を何回も切って、向こう岸に近いところまで飛んだ。

川上弘美　一九五八（昭和三三）年―。小説家。東京都生まれ。一九九六年、『蛇を踏む』で芥川《あくたがわ》賞。作品に『いとしい』『物語が、始まる』『センセイの鞄《かばん》』などがある。この作品は二〇〇六年刊行の『ハヅキさんのこと』に収められており、本文はその文庫版によった。

❶「かすかにしか笑わなくなってしまった」のはなぜか。

「すごいね。」わたしは言ったが、ケン坊は少しまばたきをしただけで、無言のまま岸に腰をおろした。わたしもケン坊の隣に座った。ケン坊は、しばらく川の流れを見ていた。わたしもまねして川の流れを見た。ずいぶん長い間、ケン坊は川を見ていた。

ケン坊はとっくに成人しているが、近所の人たちはみんな今も「ケン坊」と呼ぶ。賢《けん》太郎《たろう》という本名でケン坊のことを呼ぶのは、よその人だけだ。何年か前に母が切り抜いた新聞には、「進藤《しんどう》賢太郎一位指名[1]」という文字があった。

「それなに。」と母に聞くと、「ケン坊のことが新聞に載ってるんだよ。」と母は答えた。

「何か悪いことでもしたの。」わたしが驚いて聞くと、母は笑った。

ケン坊は、高校在学中にプロ野球の投手として球団に指名されたのだ。指名だのプロだのという言葉の意味が、そのころのわたしにはわからなかった。入団の四年後、ケン坊は練習中に利き腕を怪我《けが》した。数か月後に新聞に載った「進藤、自由契約に[2]」という言葉の意味を、もうわたしは理解できるようになっていた。「キャンプ[3]」だの「遠征[4]」だので家に居つかなかったケン坊が家に戻ってきたのは、それからしばらくしてからである。

帰ってきたケン坊は、めったに家から出なかった。ケン坊のところのおばさんは、わたしの家に来ては母に何かと相談した。ときおり、おばさんが話の途中で泣きだしてし

1 **一位指名** プロ野球の新人選手選択会議（ドラフト）で、ある球団から入団交渉権一位で指名されること。

2 **自由契約** 所属球団から選手契約を解除されること。どのチームとでも契約できるが、事実上の解雇。

3 **キャンプ** ここでは、プロ野球球団がシーズン前に行う合宿練習のこと。［英語］camp

4 **遠征** ここでは、スポーツ選手が練習や試合のため遠方まで出かけること。

—〈利き腕〉〈遠征〉

まうこともあった。そういうとき母は台所から厚く切ったようかんの皿を持ってきて、おばさんに勧めた。甘いもの食べると、気が落ちつくよ。❷人間万事塞翁が馬。そんなことを母は言いながら、ようかんをしきりに勧めた。

　ケン坊のおばさんは、そのうちにあまり泣かなくなり、ケン坊もときどき川の土手を散歩したりするようになった。ケン坊ががらり戸[5]を開ける音をききつけると、わたしはいそいで玄関に走り、サンダルをひっかけて、ケン坊の後を追いかける。大きなケン坊ががらり戸を開ける音は、ケン坊のところの小柄なおばさんがたてるぴしゃぴしゃした音よりも、よっぽどやさしく響いた。

「なあ、春子《はるこ》。」ケン坊が言った。ケン坊に、春子、と呼びかけられると、いつもわたしのおなかのあたりは、とくんとくんとなる。温水プールの水みたいになまあたたかい何かが、おなかの中に満ちてくる。

「なに。」わたしは❸ぶっきらぼうに答えた。ケン坊にわたしのおなかの中に満ちてくるものの存在を、決して知られたくなかった。ケン坊だけではない、母にもケン坊のおばさんにも担任の雅代《まさよ》先生にも親友のキョウコちゃんにも、誰にも知られたくなかった。知られたとたんに、それはわたしの体のどこかにある見えない栓からしゅうっと流れ出て、*あとかたもなく消えてしまうような気がした。

❷「人間万事塞翁が馬」という故事成語の意味と由来を調べなさい。

5 がらり戸　よろい戸の別名。幅の狭い横板に傾斜をつけて、ブラインド状に取り付けた戸。視線を遮りながら通風や換気をする効果がある。

❸「ぶっきらぼうに答えた」のはなぜか。

「たい焼きでも食うか、それともアイスにするか。」

アイス、ときっぱり答えて、わたしはケン坊の先に立った。アイスならば、「稲《いね》や」の[6]おぐらアイスだろう。ケン坊はゆったりとした大股で、わたしの後をついてくる。川と平行する道ぞいに「稲や」はある。町工場や文房具の問屋や小さな商店がぽつぽつと並ぶ、狭い通りである。「村山《むらやま》紙工」という字を横腹に書いたトラックが、わたしの目の前をぶうんと通りすぎた。このところ雨が降っていなくて、道は少しほこりっぽい。角のお[7]稲荷《いなり》さんに、[8]緋寒《ひかん》桜が咲いていた。

緋寒桜

「春子、危ないな、もっと端を歩け。」ケン坊が言った。
「さっきは、端を歩くなって言った。」わたしが答えると、ケン坊はわたしの頭のてっぺんをてのひらではたいた。
頭たたかないでよ、ばかになるから、と言いながらわたしはケン坊の腕につかまった。そのままケン坊の腕にぶらさがるようにして、通りを歩いた。わたしはいちいちどの店の前でも立ち止まった。ケン坊もしばらくわたしにつきあって止まる

6 **おぐらアイス** 小豆の粒あんをまぜて作ったアイスクリーム。

7 **お稲荷さん** 稲荷神社を親しんで呼ぶ言い方。

8 **緋寒桜** バラ科の落葉小高木。二〜三月頃に開花する早咲きの桜。

―＊あとかたもなく消える

が、すぐに歩きはじめる。早く来い、といいながら、わたしのセーターを引っぱる。「ほんとに犬の散歩だな、春子と歩くのは。」ケン坊は言って、空を見上げた。見上げるケン坊の頬のあたりが、削《そ》げている。ケン坊、とわたしは呼びかけようとしたが、ケン坊のまなざしがあんまり静かすぎて、呼びかけられなかった。

　通りのはずれに釣り餌屋があった。「いい赤虫[9]あります」だの「ぶどう虫分けます」だのと書いた手書きの札が窓ガラスに貼りつけてある。わたしが札を読んでいると、ケン坊は「おっ。」と声を出した。

「水かまきり[10]がいるよ。」

　店の前にたらいが置いてあって、中に肢《あし》の長い昆虫がいた。何種類かの藻が漂う水の面に、ふわりと浮いている。

「水かまきりっていうの、これ。」

「今どき珍しいなあ。」

　そのままケン坊はじっと水かまきりに見入*った。水かまきりは、ぜんぜん動かなかった。たらいを手で揺らしても、ただじっと浮いているばかりだ。

「死んでるのかな。」わたしが聞くと、ケン坊は「死んでるのかもな。」とゆっくり答えた。

　ケン坊のまなざしが、さっき空を見上げていたときと同じように、いやに静かだ。た

9　赤虫　「ぶどう虫」とともに、釣り餌となる昆虫。

10　水かまきり　前脚が長くカマキリのような姿をしている水生昆虫。

らいはいくつかあって、ほかのたらいには、透き通った小さなえびや小魚が何匹かずつ泳いでいる。

「ケン坊。」わたしは小さな声で言った。わたしのすぐ横でしゃがんでいるケン坊の体温が、隣のわたしに伝わってくる。ケン坊はいつも大きくてあたたかい。ケン坊は、じっと水かまきりのたらいを見つめていた。

「ケン坊、アイス食べに行こう。」わたしが言うと、ケン坊は立ち上がった。もう一度空を見上げ、少しため息をついて、歩きはじめようとした。

「あ、水かまきりが。」

わたしは声をあげた。水かまきりが、水面から水中に沈もうとしていた。長い肢を静かに動かし、尻からつき出た棒のようなものを水面にたてて、水かまきりはゆらゆらと水の中を泳ぎはじめた。

「お。」4 ケン坊も声をあげた。

「生きてるなあ。」

「生きてるねえ。」

ケン坊とわたしは顔を見あわせた。水かまきりはゆっくりと底まで沈み、それからふたたび水面

水かまきり

4 「ケン坊も声をあげた。」のはなぜか。

〈頰〉
＊見入る

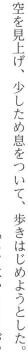

に上がってきた。風が吹いて、たらいの水をかすかに揺らした。よし、とケン坊は小さくつぶやいた。よしよし、生きてたんだな。小さく強く、ケン坊はつぶやいた。

「春子、行くぞ。」そう言って、ケン坊はどんどん歩きはじめた。わたしはケン坊のあとをあわてて追った。春の暖かな風が、ケン坊の短い髪をそよがせる。稲やの前まで、ケン坊はひといきで歩いた。

おもと

「おぐらアイス、二個ずつ食うか。」ケン坊は言って、笑った。久しぶりに聞く、ケン坊のふわっとした大きな笑いだった。うん、二個ずつだね。なんだかわからないけれどわたしも[5]嬉《うれ》しくなって笑いながら、答えた。ケン坊は店の奥に向かって、おぐら四本ね、と大きな声で言った。風が、稲やの前に植えてあるおもと[11]の葉を、揺らした。

[5]「嬉しくなっ」たのはなぜか。

11 **おもと** 細長く厚い葉を持つ常緑多年草。冬も枯れず、いつの年にも青々としていることから、「万年青」と漢字表記される。

●理解●

(1)「ケン坊」は「わたし」にとってどのような存在か、説明しなさい。

(2)「ケン坊にわたしのおなかの中に満ちてくるものの存在を、決して知られたくなかった。」（五二・12）のはなぜか、説明しなさい。

(3)「呼びかけられなかった」（五四・4）のは「わたし」のどのような気持ちの表れか、説明しなさい。

(4)「ケン坊はどんどん歩きはじめた」（五六・5）とあるが、「ケン坊」のどのような心情が表れているか、説明しなさい。

掟《おきて》の門

フランツ・カフカ
池内《いけうち》 紀《おさむ》訳

❶掟の門前に門番が立っていた。そこへ田舎から一人の男がやってきて、入れてくれ、と言った。今はだめだ、と門番は言った。男は思案した。今はだめだとしても、あとでならいいのか、とたずねた。

「たぶんな。とにかく今はだめだ。」

と、門番は答えた。

掟の門はいつもどおり開いたままだった。門番が脇へよったので男は中をのぞきこんだ。これをみて門番は笑った。

「そんなに入りたいのなら、おれにかまわず入るがいい。しかし言っとくが、おれはこのとおりの力持ちだ。それでもほんの下っぱで、中に入ると部屋ごとに一人ずつ、順ぐりにすごいのがいる。このおれにしても三番目の番人をみただけで、*すくみあがってしまうほどだ。」

こんなに厄介だとは思わなかった。掟の門は誰にも開かれているはずだと男は思った。しかし、毛皮のマントを身につけた門番の、その大きな尖《とが》り鼻と、ひょろひょろはえた

フランツ・カフカ Franz Kafka 一八八三―一九二四年。プラハ（チェコ）生まれのドイツ語による小説家。作品に『変身』『流刑地にて』『城』などがある。この作品は一九一五年に発表され、短編集『田舎医者』に収められた。本文は一九八七年刊行の『カフカ短編集』によった。

池内　紀 一九四〇（昭和一五）―二〇一九（令和元）年。ドイツ文学者。兵庫《ひょうご》県生まれ。翻訳のほか、評論や随筆も数多く執筆した。訳書にゲーテ『ファウスト』などがある。

黒くて長い[1]蒙古《もうこ》髯《ひげ》をみていると、おとなしく待っている方がよさそうだった。門番が小さな腰掛けを貸してくれた。門の脇にすわっていてもいいという。男は腰を下ろして待ちつづけた。何年も待ちつづけた。その間、許しを得るためにあれこれ手をつくした。くどくど懇願して門番にうるさがられた。ときたまのことだが、門番が聞いてくれた。故郷《くに》のことやほかのことをたずねてくれた。とはいえ、[2]お偉方がするような気のないやつで、おしまいにはいつも、まだだめだ、と言うのだった。

たずさえてきたいろいろな品を、男は門番につぎつぎと贈り物にした。そのつど門番は平然と受けとって、こう言った。

「おまえの気がすむようにもらっておく。何かしのこしたことがあるなどと

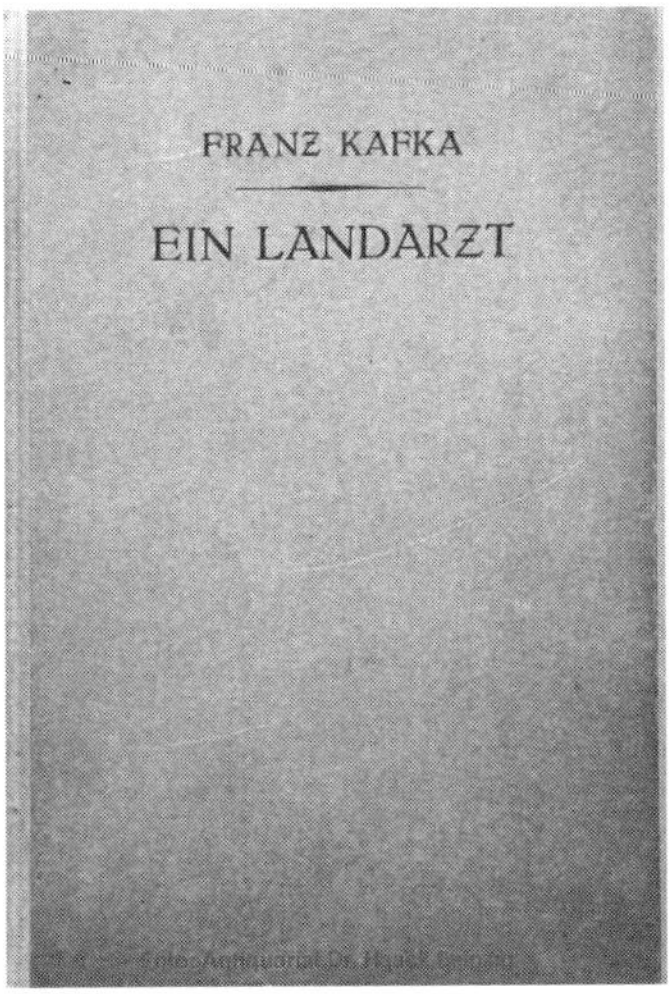

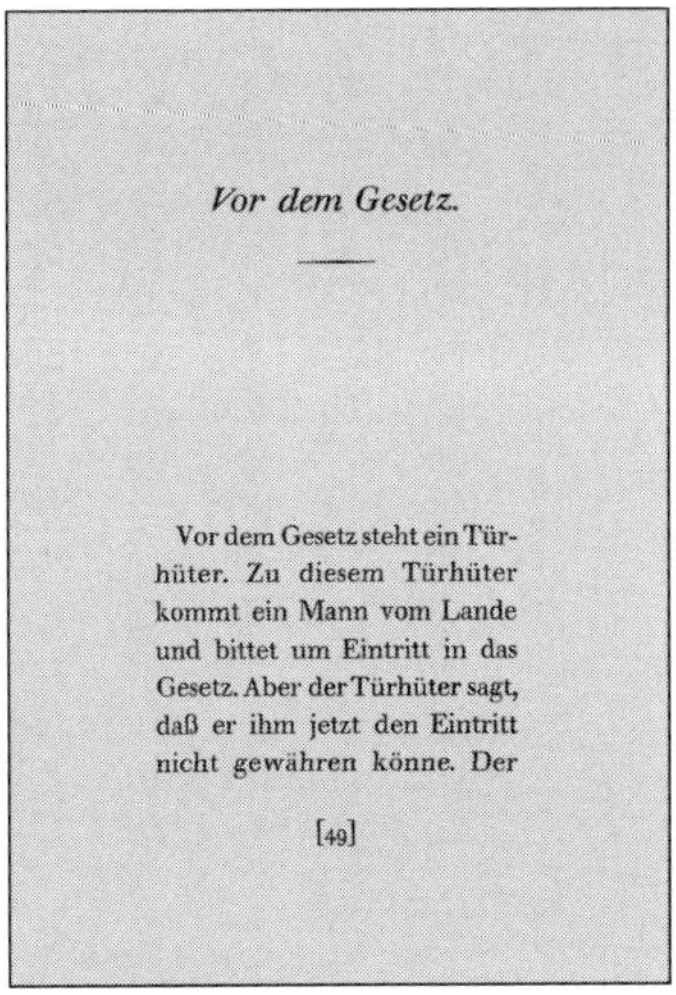

Vor dem Gesetz.

Vor dem Gesetz steht ein Türhüter. Zu diesem Türhüter kommt ein Mann vom Lande und bittet um Eintritt in das Gesetz. Aber der Türhüter sagt, daß er ihm jetzt den Eintritt nicht gewähren könne. Der

[49]

フランツ・カフカ『田舎医者』初版本（左）と「掟の門」掲載ページ（右）　本文は、大きな活字でゆったり組まれているのが特徴的

[1]「掟」の意味を辞書で調べなさい。

1 **蒙古**　モンゴル。モンゴル高原を中心とする地域と、そこに住む遊牧民族をさす。

[2]「お偉方がするような気のないやつ」とはどのようなことか。

〈田舎〉〈思案〉〈懇願〉
＊すくみあがる

思わないようにだな。しかし、ただそれだけのことだ。」

永い歳月のあいだ、男はずっとこの門番を眺めてきた。ほかの番人のことは忘れてしまった。ひとりこの門番が掟の門の立ち入りを阻んでいると思えてならない。彼は身の不運を嘆いた。はじめの数年は、はげしく声*を荒らげて、のちにはぶつぶつとひとりごとのように呟《つぶや》きながら。

そのうち、子どもっぽくなった。永らく門番をみつめてきたので、毛皮の襟にとまったノミ[2]にもすぐに気がつく。するとノミにまで、おねがいだ、この人の気持ちをどうにかしてくれ、などとたのんだりした。そのうち視力が弱ってきた。あたりが暗くなったのか、それとも目のせいなのかわからない。いまや暗闇のなかに燦然《さんぜん》と、掟の戸口を通してきらめくものがみえる。いのちが尽きかけていた。死のまぎわに、これまでのあらゆることが凝結して一つの問いとなった。これまでつ*いぞ口にしたことのない問いだった。からだの硬直がはじまっていた。もう起き上がれない。すっかりちぢんでしまった男の上に、大男の門番がかがみこんだ。

「欲の深いやつだ。」

と、門番は言った。

「まだ何が知りたいのだ。」

「誰もが掟を求めているというのに――。」

2 ノミ　哺乳類などに寄生して血液を吸う二〜三ミリメートルの昆虫。後ろ足が発達していて、よく跳ぶ。

と、男は言った。

「この永い年月のあいだ、どうして私以外の誰ひとり、中に入れてくれといってこなかったのです？」

いのちの火が消えかけていた。うすれていく意識を呼びもどすかのように門番がどなった。

「ほかの誰ひとり、ここには入れない。この門は、おまえひとりのためのものだった。さあ、もうおれは行く。ここを閉めるぞ。」

〈凝結〉
＊声を荒らげる
＊ついぞ……ない

●理解●

(1)「おとなしく待っている方がよさそうだ」（五九・1）と「男」が判断したのはなぜか、説明しなさい。

(2)「何年も待ちつづけた。」（五九・3）とあるが、「男」は何を、どのように「待ち続けた」のか、説明しなさい。

(3)「男」と「門番」は、それぞれどのような存在として描かれているか、説明しなさい。

(4)「男」だけのために開かれていた門に「男」が入ることができなかったのはなぜか、考えなさい。

ある時間、待ってみてください

大江《おおえ》健三郎《けんざぶろう》

二十一世紀に生きるあなた方につたえたい言葉をひとつだけ選べ、といわれたら、私はこういいます。

——もう取り返しがつかないことをしなければならない、と思いつめたら、その時、「ある時間、待ってみる力」をふるい起こすように！

それには勇気がいるし、日ごろからその力をきたえておかなければならないのでもあります。しかし、❶その力は、あなた方にあるのです。

私は新制[1]中学の一年の時、旧制[2]高校に通った人からやはり旧制の中学での幾何[3]の教科書をもらって、ひとりでそれをやっていました。高校でも幾何を続け、あわせて解析[4]を習いました。大学入試の問題集は、数学に関するかぎりむしろ楽しみに解いたものです。

こういう初歩的な数学は、そのすべてが、ということではありませんが、それこそギリシア[5]以来の論理学から新しい学問としての記号論理学[6]につながるところがあると思います。いまも、少し複雑なことを考える時——飛行機で外国に行くために、長い時間、

大江健三郎　一九三五（昭和一〇）年—。小説家。愛媛《えひめ》県生まれ。一九九四年、ノーベル文学賞。小説に『万延《まんえん》元年のフットボール』『同時代ゲーム』、評論に『ヒロシマ・ノート』などがある。この文章は二〇〇一年刊行の『「自分の木」の下で』に収められており、本文はその文庫版によった。

❶「その力」とは何か。

1 **新制**　一九四七年に制定された学校教育法に基づく現在の学校制度。

2 **旧制**　旧制中学の修業年限は四ないし五年間で、

座っていなければならない場合など、とくに――ノートを小さく区分けして、その囲いのなかに問題をひとつずつ整理して考えてみます。そうやって考えてゆくと、あらかじめこういう結論になればいいな、と思っていたのとは別の方向に行っても、それを受け入れる準備ができているように感じます。もともと自分で考えたことですからね。

私が高校で習った解析は、まず「解析Ⅰ」というもので、微分や積分という、もっと高度の数学の考え方と方法が入ってこない段階でした。こちらの教科書や問題集にのっている計算が、私のように理科系のタイプでない生徒には、「解析Ⅱ」よりおもしろかったことを思い出します。

私はとくに、文章に書かれた条件から数式を組み立てて、解いてゆく問題が好きでした。解く過程で、複雑な数と記号の式の、ある部分を一応、括弧でくくって、それをたとえばAであらわします。それだけ、数式が簡単になりますし、計算を進めてゆくうち、等号の両側におなじ数のAがあることがわかったり、分子と分母にAがあって、両方とも消えてしまったりすることがあります。そういう時は、じつに嬉《うれ》しかったものです。

また、Aが消えなくても、すっかり整理された式に、あらためて括弧をといて、Aの内容を代入すると、計算がスラスラとできあがる、ということもありました。

一方、計算の最後の段階で、勢いこんで括弧をといてみると、最初のどうしても解けなかった問題が、そのまま再現して、Aという記号をつけての計算についやした時間が

男子のみを対象とし、義務教育ではなかった。旧制高校の修業年限は三年間で、事実上は帝国大学の予備教育段階であった。

3 **幾何**　図形や空間の性質を探求する数学の一分野。

4 **解析**　微分・積分やそれを発展させた数学の総称。当時の教科書では、関数や方程式なども扱われた。

5 **ギリシア以来の論理学**　古代ギリシアの哲学者アリストテレスが論理学の体系化に取り組み、以後の学問の基礎となった。

6 **記号論理学**　概念や命題などを記号化し、論理過程を数式のように表現する論理学。

一〈複雑〉〈括弧〉

すっかりムダだった、それこそ「骨折り損のクタビレもうけ」[2]だったと、がっかりすることもありました。そういう時は、一息おいて、

――仕方*がない！　おれのやったことだ、と気*をとりなおすようにしたものです。

じつはそのころから、数学よりほかの難しい問題についても、一部分をまず括弧でくくってAとする手続きで考えることを、始めていました。その場合にも、さきに書いたように、自然にAが消えてなくなって問題が解ける、ということはありました。

また、やっと計算が――つまり問題を考えることが――整理されてきたので、Aを具体的な内容に戻すと、最初の難しい問題がそのまま残っている、ということがあったのでした。そういう時、私は数学の場合とは少し別に、

――自分はこの問題のいちばん難しいところから、逃げていただけだ！　と気がつきました。

そして、あらためて、正面からその難しいところに立ち向かってゆく元気を出したものです。[3]それはもう、大人になってからも続きました。

さて、私が数学をめぐる思い出を話したのは、次のことを説明したい、と思ったからです。

私は「ある時間、待ってみる力」をふるい起こすことが、子供には必要だ、といいま

[2]「骨折り損のクタビレもうけ」とはどのようなことか。

[3]「それ」とはどのようなことか。

した。それは、子供にはもちろん、大人にとっても、生きてゆくうえで、本当に難しい問題にぶつかった時、一応それを括弧に入れて、「ある時間」おいておく、ということなのです。そうやって、生きてゆくという大きい数式を計算し続けるのです。初めから逃げる、というのとは違います。

そのうち、括弧のなかの問題が、自然に解けてしまうことがあります。括弧のなかの問題をBとすれば、「ある時間」待っている間も、とくに子供の時、私たちはそうしてもすっかりそれを忘れていることはできません。そうしながら、いつも心にかかっていて、思い出されます。しかし、その苦しい時、具体的な問題や特定の人のことじゃなく、Bという記号に置きかえて、

——Bがまだ解決できていないけれど、もう少し待ってみよう、と考えることにするのです。

それだけでどんなに気持ちが軽くなるか、私は幾度も経験してきました。いまもある記号に最悪の「いじめっ子」の顔が代入できるほどです。

そして「ある時間」たって、括弧をといてみても、まだ問題がそのままであれば、今度こそ正面からそれに立ち向かってゆかなければなりません。しかし、子供のあなたたちは、なんとかしのいだ「ある時間」のあいだに、自分が成長し、たくましくなっていることに気がつくはずです。そこが数学の場合と違います。私は、とくに高校のころか

〈具体的〉
＊仕方がない
＊気をとりなおす

ら大学を卒業するあたりまで、そのようにしてやってきました。そして、現にいま、生きています。

●理解●

(1)「もう取り返しがつかないこと」（六二・3）とは具体的にはどのようなことか、考えなさい。

(2)「生きてゆくという大きい数式」（六五・3）と「数学の場合」（六四・9）との違いはどのようなものか、説明しなさい。

(3)「なんとかしのいだ『ある時間』のあいだに、自分が成長し、たくましくなっている」（六五・16）のはなぜか、考えなさい。

(4)「そして、現にいま、生きています。」（六六・1）という結びにはどのような気持ちが込められているか、考えなさい。

えぞ松の更新

幸田《こうだ》 文《あや》

ふっと、えぞ松[1]の倒木更新、ということへ話がうつっていった。

北海道の自然林では、えぞ松は倒木のうえに育つ。むろん林のなかのえぞ松が年々地上におくりつける種の数は、数知れぬたくさんなものである。が、北海道の自然はきびしい。発芽はしても育たない。しかし、倒木のうえに着床[2]発芽したものは、しあわせなのだ。生育に楽な条件がかなえられているからだ。とはいうがそこでもまだ、気楽にのうのうと伸びるわけにはいかない。倒木のうえはせまい。弱いものは負かされて消えることになる。きびしい条件に適応し得た、真に強く、そして幸運なものわずか何本かが、やっと生き続けることを許されて、現在三百年、四百年の成長をとげているものもある。それらは一本の倒木のうえに生きてきたのだから、整然と行儀よく、一列一直線に並んで立っている。だからどんなに知識のない人にも一目で、ああこれが倒木更新だ、とわかる——とそう話された。❶話に山気《さんき》[3]があった。感動があった。なんといういい話か。なんという手ごたえの強い話か。これは耳に聞いただけでは済まされない。ぜひ目にも見ておかないことには、ときめた。

幸田 文 一九〇四（明治三七）—一九九〇（平成二）年。小説家・随筆家。東京都生まれ。作家・幸田露伴《ろはん》の次女。父の追悼記で注目され、作家となる。随想集に『みそっかす』、小説に『流れる』などがある。この文章は一九九二年刊行の『木』に収められており、本文はその文庫版によった。

1 **えぞ松** マツ科の常緑高木。北海道に自生し、高さ約四〇メートル。樹皮には深い割れ目があり、線形でとがった葉をもつ。

2 **着床** 種子が落ち、発芽する場所に付着すること。

さいわいに富良野[4]《ふらの》の、東大演習林[5]見学の便宜を与えられた。思いこんだ一念で、ぎゃあぎゃあとわめいたからである。わめかれ頼られた方々こそご災難、まことに申し訳ない、とわかっていてもやめられなかった。自分ももうとしだし、この縁を外したらと思うと気*がせいて、ひとさまのご迷惑も自分のみっともなさも、棚*へあげて拝んでしまったのだから、えぞ松に会えると確かにきまった時はうれしかった。

九月二十八日というに北海道はもう、もみじしはじめていた。染めはじめたばかりの紅葉なので、あざやかさ一際だった。レールぞいに断続しつつむれ咲くのこん菊[6]は紫がふかく、宿の玄関わきに植えられたななかまど[7]は、まっかな実を房につって枝は重く、秋はすでに真っ盛りへかかろうとしていた。通された部屋には、ストーブに火があり、日の暮れる頃にはなお急に冷えてきて、今朝東京をたつ時半信半疑で聞いた、北海道は三度、という気象情報を皮膚でじかに知ったことである。

はじめの日は、あれは標本室というのだろうか。北海道産の大樹の見本である。定寸法に従って伐《き》りそろえられた大木が、皮つきのまま、ずくんずくんと立てならべてある。なによりもまず重量感で圧迫をうけた。コンクリート建築の重量は見なれ平気だが、木の量感、重感に都会ものの神経はヘナヘナした。こういう状態になると、ものは覚えられない。聞けども聞こえず、見れども見えずで、その時は一生懸命に覚えたつもりがあとではみな支離滅裂で、残ったのは巨大な柱の群像だけである。

1「話に山気があった。」とはどのようなことか。

3 山気　山中に立ちこめる冷えた空気。山の気配。

4 富良野　北海道中央部にある市。

5 演習林　林学の実地研修のための森林。「東大演習林」の正式名称は、東京大学大学院農学生命科学研究科附属演習林。

6 のこん菊　キク科の多年草。秋、中央が黄色で周辺が薄紫の小さな花を多数つける。

7 ななかまど　バラ科の落葉高木。秋、赤い小さな実を多数つけ、葉は紅葉する。

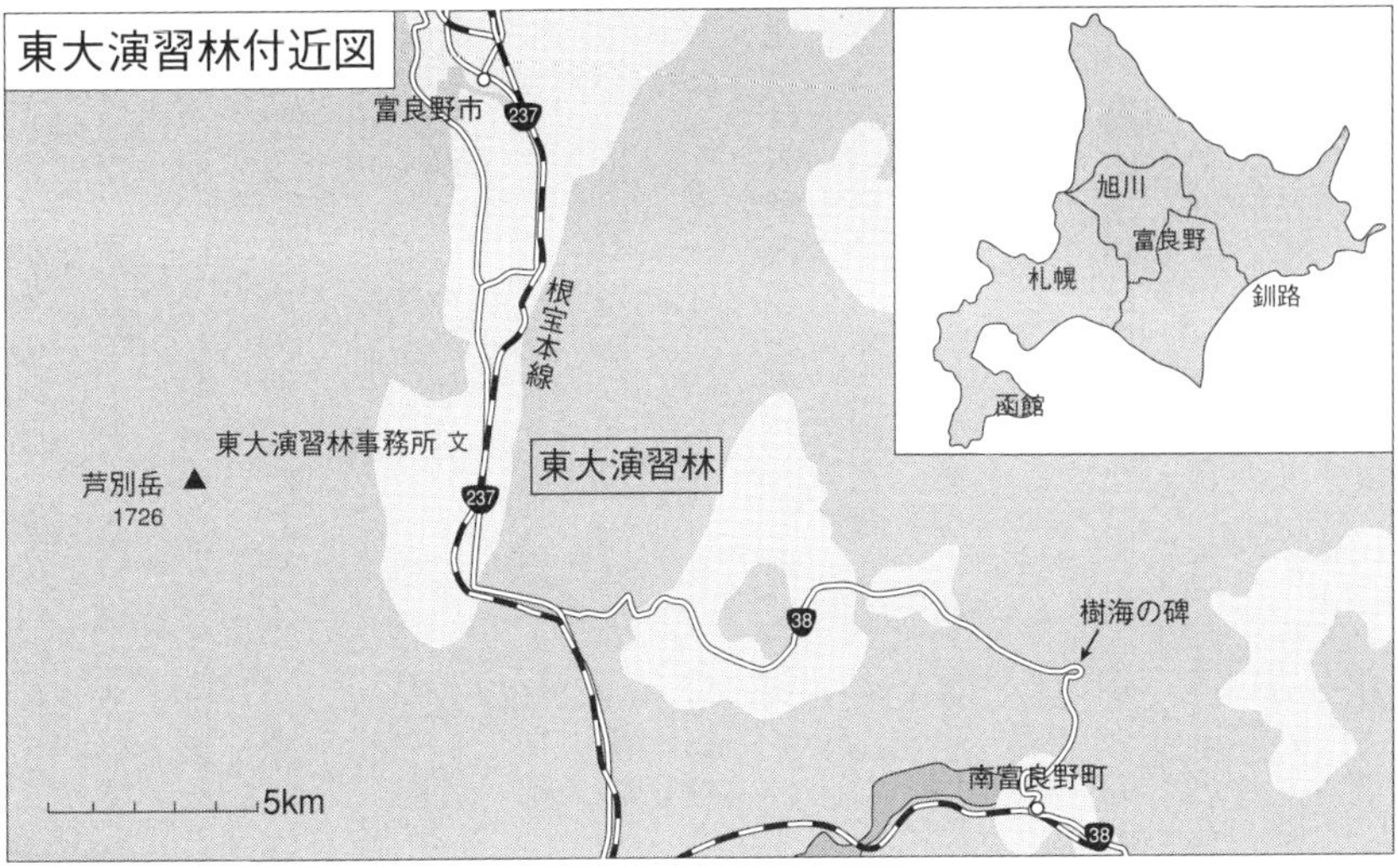

二日目は〝樹海〟の碑のある見晴らしへ行き、はるか遠い尾根尾根を指して、演習林の広さをほぼ知らせてもらい、それから谷へおり、山へとジープはのぼりのぼり、標高によって生活する樹種がだんだんと変わっていくことを、実地でおそわる。それから精英樹[8]、という極めつきをもつ針葉樹、広葉樹を見る。もちろん、精英樹をきめるにはいろんな条件にかなわなければならない。しかし素人目にも、はっとすぐ納得のいく立派さをそなえている。おりから小雨がぱらつき、谷から霧がまき上ってきて、行く手をぼかし、足もと至るところに生い茂る笹《ささ》に露を置いて過ぎる。思わず感情がたかまる。えりすぐられた一本のエリートは、文句なくみごとである。しかし、エリー

8 精英樹 一つの森林の中で形・質などがとりわけすぐれている木。材木用などとして使用する。

〈一際〉〈支離滅裂〉
＊気がせく
＊棚へあげる

トならざる数々の凡庸、その凡庸にまたそれぞれ等級はつく。これらもまた、力強い頼もしさだ。そして、どんじりは辛うじて弱く生きている虚弱劣級木だろうか。かなしいというか、いとしいというか。木はまことに無言であり、私はなにか誰かに語りかけたくてたまらないのを、ただ控えて、森林の静寂に従ってたたずんだ。

三日目、また別の谷から入った。行く道々の車のなかから、今日は植物群落、[9]遷移、その環境ということを教えていただいた。

そして、目的のえぞ松の倒木更新である。それそこに、ほらあそこも、といわれて慌てる。皆目見当もつかない、ただ一面の同じような木の脚ばかりなのだ。きのうの雨が今日もまだ上がりきらず、森の中は鬱蒼《うっそう》として小暗く、木はどれも肌をぬらしており、見上げる梢《こずえ》は枝を交わして傘になっている。あの時の話に、倒木更新はどんなうっかり者にも一目でわかる、と聞いたがそんなこと[10]うその皮だ、ともやもや思って目*をみはる。[11]くま笹の丈が、胸まであって[12]あがきがわるい。ますます木の脚ばかりを見る始末になる。ここらへ来てごらんなさい、という。やっとそれが見えた。ほうとばかりため息*をついて、その更新に見入った。それはバカでもわかる、まさに縦一文字に生え連なった太い幹たちであった。[13]えぞという大きな地名を冠にかち得ているこの松は、ほんとうに真一文字の作法で、粛然と並びたっていた。威圧はおぼえないが、みだりがましさを拒絶している格*があった。清澄にして平安、といったそんな風格である。[14]むざとは近よらせぬ

9 遷移　植物の群落が、時間の経過、環境の変化に従ってその種類を変えていくこと。

10 うその皮　まったくのうそ。うそっぱち。

11 くま笹　ここでは山地に自生し、大群落をつくるチシマザサの俗称。

ものがある。同じほどの太さ高さのが七本ほど、そのあいだにちょうどいい間をおいて、それより細く低いのが混成して、自然の連れ立ちはいい感じの構成である。

　この木、何年くらいしてるんでしょう、と聞いた。二百五十年、三百年のうえでしょうかね、ここは条件がきびしいですから、年数の割に太さはないんです、という。たたずんで気を静めていると、身をめぐってあちこちに、ほつほつと、まばらに音がしていた。どこともなくしずくの落ちて、笹の葉を打つ音なのだった。雨の名残か、霧のおみやげか、それとも松の挨拶だろうか。肩に訪れてくれた音もあった。

　だが、残念なことにそこは、倒木のうえに生きた、という現物の証拠がなかった。一列であるというだけの推理であって、あかしのものがない。信じないというのじゃない。が、もっと貪欲に承知したい。むろん、三百年もたっていれば、元の倒木そのものは腐食しつくして、当然形がとどまっているはずはない。だから表土は平らかであり、かつてそこに倒れていた大木の容積である厚さ、太さなどの跡を示すものは、何もない。いささかもの足りなかった。

　すると言下に、そんなことなんでもない、少し探せばその希望にぴたりのが、かならずあるさ、という。間もなく、こっちという合図が来た。それはまだひょろひょろと細く若い木を何本も、満員の形でのせている、まごうかたなき倒木だった。肌こそすっかり苔《こけ》におおわれているが、土からちょうど私の立った足丈ほどなかさが、もと倒れた木

12 あがき　足の運び。
13 えぞ　明治以前の北海道の古名。蝦夷《えぞ》。蝦夷地。
14 むざと　やすやすと。むざむざと。

〈凡庸〉〈虚弱〉〈粛然〉
〈名残〉〈腐食〉
＊目をみはる
＊ため息をつく
＊格がある

の幹の丸さを見せており、その太さは先に行くに従って細っているし、すぐそばにそれのものと思われる根株も残って、*あかししていた。じわじわと、無惨だなあ、と思わされた。[15]死の変相を語る、かつての木の姿である。そして、あわれもなにもたない、生の姿だった。先に見た更新を、澄みきって自若たる姿とするなら、これはまあなんと生々しい[16]輪廻《りんね》の形か。これは確かに証拠としてはっきりしていた。私の望んだものである。でも、こういう[17]無惨絵を見ようとは思いがけなかった。なにか目を伏せて避けていたい思いもあるし、かといって逃げたくもない。

　そっと倒木のうえの一[18]尺ばかりのまだごく若い木を、こころみにゆすってみた。幹は柔軟に手に従うが、根は案外な固さで固定している。細根は倒木の[19]亡骸《ぼうがい》の内側へ入って、皮肉の間へこまかい網を張っているし、やや太い根は外側を巻いてはい、早く地に達したいとしている構えである。ひたすら生きんとして、たけだけしさをかくしていない。[20]亡軀《ぼうく》のほうへも遠慮がちに手を置いてみる。その冷たさ、その[21]水漬《みづ》きかた。前日来の雨もあろうが、ぐっしょりのぬれびたし。しかしじかに木のからだにふれたのではない。木の肌のうえは苔の衣で*万遍なく厚く覆われてある。自然の着せた[22]屍衣《しい》という感じ。多少怯じる気をあえておさえて、両手の指先に苔をおしのけてみる。苔のしたもぐしょぐしょ。茶褐色の、[23]もろけた、こなごなした細片が手につく。これが元の樹皮だ。もっとかき分ける。そのしたはややかたい。が、爪をたてれば部分により、たやすく許すとこ

15 **死の変相**　一般には、肉体が死後徐々に白骨化していくさま。ここでは、木の姿を人間にたとえている。

16 **輪廻**　仏教用語。死後も他のものに生まれ変わり、それを果てしなく繰り返しながら迷いの世界を経めぐること。

17 **無惨絵**　むごたらしい情景の描かれた絵。

18 **尺**　長さの単位。一尺は、約三〇センチメートル。

19 **亡骸**　なきがら。死骸。

20 **亡軀**　ここでは、死体のこと。

21 **水漬きかた**　水につかっているさま。

22 **屍衣**　しかばねのまとっている衣。経帷子《きょうかたびら》。

23 **もろけた**　もろくなってくだけた。

富良野東大演習林のえぞ松林　中央に「更新」された若木が見える

ろもある。腐食の度が一様でないらしい。性《しょう》[＊24]を失いかけているところをこじる。その腐れはわずかなあらがいの後に、縦に一寸[25]ほどむしりとれてきた。縦、つまり根元から梢に向けてむしれたのである。指のあいだのそれはほとんど崩れて、木片とはいえぬボロでしかなかったが、いとしさ限りないものであった。すでに性を失うほどにまで腐っていながら、なおかつ、木は横には裂けにくいという本性を残していた。

私はまた聞いた。私の丈より少し高いくらいの木を指し

24 性　ものが生来もっている本質。

25 寸　尺の十分の一。一寸は、約三センチメートル。

〈無惨〉〈自若〉
〈茶褐色〉
＊あかしする
＊万遍なく
＊性を失う

て、これ何年くらいでしょうか、と。そう十七、八年、いやもう少しいってるかな。まあ、そんなにたってるのかしら。答えはなくて、山の人は腰からなたをとると、無造作な一刃で、その隣の同じくらいなのを伐った。伐り口を見せて、数えてごらんなさいとほほえむ。その木はすでに倒木上の生存競争に落伍《らくご》して、途中で折れて、おぼつかなくなっていた。他のよき木の障りになるものは、伐るのが森林保護のうちの一つの掟《おきて》だという。年輪はとてもこまかくて、私の目には数えること不可能だったが、若い人がやっぱり二十いくつあると数えた。刃物のついでに、倒木のほうも少しひらいてもらった。刃はごく軽くあてたのだが、水が飛び散った。厚さ五分[26]、丈五寸ほどにそいだそれは、茶色に変色がきているのに、木片としての形をしている。私はまた聞く、これ倒れて何年してますか。そうねえ、新しく生えたもののうち、いちばん大きいのが四十年くらいとして、その種が落ちる前に、すでに苔がついていなければならないわけだから、そんな見当であなたが推定年数をつけてみませんか、森林の中の時間は、人のくらしの中の時計とは、大分ちがうでしょ、と淡々とおだやかな返事である。人のいのちはいま伸びても六十年、七十年、老木は倒れて外側こそ早くもろけるが、芯《しん》までついえるのには、何年をこたえる[27]か。亡骸をふみしだいて生きる若木も五十年やそこらでは、一人前に達せぬ子供だ。森はゆっくり巡るのだろうか、人があまりにも短命なのだろうか。じれったくも思うし、のんびりと心のびるようでもあった。見まわせば、目がなれてきて、倒

26 分　尺の百分の一。一分は、約三ミリメートル。

27 こたえる　こらえる。もちこたえる。

木更新とわかる一列が、あそこここに探せた。

倒木と同じ理屈で、折れたり伐ったりした根株のうえにも、えぞは育っています。あれなどはその典型的なものですよ、と指された。それは斜面の、たぶん風倒の木の株だろうという、そのうえにすくっと一本、高く太く、たくましく立っていた。太根を何本も地におろして、見るからに万全堅固に立ち上がっており、その脚のしたにはっきりと腐朽古木の姿が残っていた。いわばここにいるこの現在の木は、いまはこの古株を大切にし、いとおしんで、我が腹のもとに守っているような形である。たとえその何百年か以前には、容赦もなく古株をさいなんで、自分の養分にしたろうが、年を経たいまはこの木あるゆえに、古株は残っていた。ついいましがた、生死輪廻の生々しい継ぎ目を見て、なにか後味さびしくかき乱されていた胸が、この木を見て清水をのんだようにさわ❷やかになった。さわってみた。この木もじっとりとぬれていた。いままでのどの木の肌より冷たい。指先が凍りそうに冷たく、赤くなった。古株もぬれにぬれていて、触れれば触れたところが*こなに砕けた。誰もさわる人のないままにいまも形が保たれているらしく察せられた。

ふといまの木の、たくさんに伸びた太根のあいだに赤褐色の色がちらりとした。見ても暗いのだ。だが、位置の加減でちらりとする。どこからか屈折して射《さ》し入るらしい外光で、ふと見えるらしい。そっと手を入れて探ったら、おやと思った。ごくかすかでは

❷「さわやかになった」のはなぜか。

〈堅固〉〈腐朽〉

＊こなに砕ける

あるがぬくみのあるような気がしたからだが、確かに温かかった。しかも外側のぬれた木肌からはまったく考えられないことに、そこは乾いていた。林じゅうがぬれているのに、そこは乾いていた。古木の芯とおぼしい部分は、新しい木の根のしたで、乾いてぬくみをもっていた。指先がぬれて冷えていたからこそ、逆に敏感にありやなし[28]のぬくみと、確かな古木の乾きをとらえたものだったろうか。温かい手だったら知り得ないぬくみだったと思う。古木が温度をもつのか、新樹が寒気をさえぎるのか。この古い木、これはただ死んじゃいないんだ。この新しい木、これもただ生きているんじゃないんだ。生死の継ぎ目、輪廻の無惨を見たって、なにもそうこだわることはない。あれもほんのいっ時のこと、そのあとこのぬくみがもたらされるのなら、ああそこをうっかり見落とさなくて、なんとしあわせだったことか。このぬくみは自分の先行き一生のぬくみとして信じよう、ときめる気になったら、感傷的にされて目がぬれた。木というものは、こんなふうに情感をもって生きているものなのだ。今度はよほど気を配らないと、木の秘めた感情は探れないぞ、とも思った。風が少し出てきて、所々にはさまる広葉樹の黄色い、赤い葉を舞わせ、帰路の飾りにしてくれた。

　えぞ松は一列一直線一文字に、先祖の倒木のうえに育つ。一とはなんだろう。どう考えたらよかろうか。さぞいろいろな考え方があることだろう。私にはわからない。でも、一つだけ、今度このたび覚えた。日本の北海道の富良野の林中には、えぞ松の倒木更新

28 ありやなし　ありやなしや。あるかないか。

があって、その松たちは真一文字に、すきっと立っているのだ、ということである。なんとかの一つ覚えに心たりている。3

3 筆者はどのような点に「心たりている」のか。

●理解●

(1)最初に見た「倒木更新」の印象はどのようなものであったか、想像してみよう。
(2)若く細い木の「倒木更新」が「無惨絵」(七二・6)とされているのはなぜか、考えなさい。
(3)筆者は古木の「ぬくみ」(七六・1)にどのような思いを抱いたか、考えなさい。
(4)本文中の次の表現の特徴と効果はどのようなものか、考えなさい。

a
手ごたえの強い話(六七・12)
貪欲に承知したい(七一・10)

b
避けていたい思いもあるし、かといって逃げたくもない(七二・6)
じれったくも思うし、のんびりと心のびるようでもあった(七四・16)

小説……四

バブーシュカ

吉本《よしもと》ばなな

そんなに喉が痛いわけではないのに、その風邪にすっかり気管支をやられてしまったらしく、朝から少しずつ、声が出なくなっていった。痛みがないぶん、自分から声が抜け落ちていくような不思議な感じがあった。

冬独特の、柔らかくどんよりと曇った寒い日だった。朝から灯油ストーブをがんがんつけていたので、窓はしっとりと曇っていた。やかんから湯気が音をたてて立ちのぼり私の喉をしめらせているはずなのに、いっこうに声は出るようにならないばかりか、どんどんかすれ声さえ出なくなっていった。TV《テレビ》を見て笑ったり、ものを落として「あっ。」というときにも音が出ないなんてなんだかおもしろかった。

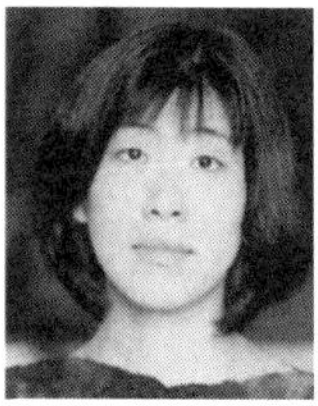

吉本ばなな　一九六四（昭和三九）年―。小説家。東京都生まれ。一九八七年、『キッチン』で海燕《かいえん》新人文学賞。作品に、『TUGUMI』『SLY』などがある。この作品は二〇〇〇年刊行の「吉本ばなな自選選集」第二巻に収められており、本文は同書によった。

喉あめをやたらになめながら黙っているうちに、ついに雪が降ってきた。なんだかふっと静かになったと思ったら、外でどこかの子供の「雪だ！」というはしゃいだ声が聞こえてきた。

窓をぎゅっと手のひらでふいてみたら、曇った空から、空と同じような色の白っぽい雪がひらひらと落ちてきているのが見えた。遠くのビルの上のほうも、となりの駐車場に止まっている車も、どんどんかすんで灰色に染まっていく。

それを見ているうちに、私の心の中までどんどん静かになっていった。[1]まるで雪が外と内側と両方に降っているようだった。たったひとつのつぶやきくらいまで、全部雪に吸い込まれていった。

いっしょに住んでいる人のお母さんが心臓発作で死んだのは、去年の秋だった。母ひとり子ひとりの親子だった。お母さんは絵《え》描《か》きで、ものすごく変わった人で人と会いたがらない人だったので、彼とつきあいの長い私でさえ、数回しか会ったことはなかった。会うときはいつもいい人だったし、やさしかった。死ぬまで若い男の人と絶え間なくつきあい続けた豪快なおばあさんだった。

お母さんについては、なんとなく私が入っていってはいけない歴史の重みを感じて、彼と暮らしはじめてからずっと、あまり深くたずねたことはなかった。彼はよく、世の中ではやっているようなトラウマ[1]もないし、*愛情に飢えていたわけでもないし、マザコン[2]でもないよ、と言っていた。その言葉に嘘《うそ》はないと思う。ただ、とても静かで、わりといつもそれぞれのことをやっていた家だったんだ、と言った。

私に会うといつもお母さんはとてもおしゃべりで、明るくて、ちょっと神経質で、華やかでおしゃれだった。でも彼はそれを外向きの顔なんだ、と言った。ふたりでいるときは、ほとんどお互いに何も話さなかったよ。

それでも彼がお母さんをどれだけ大切に思っているかを知っていたので、私はどうやって彼をなぐさめてあげていいかさっぱりわからず、鬱状態におちいっていることを知りながらも、どうすることもできなくて困っていたところだった。

いつも私は❷やりすぎてしまうんだなあ……と次々に舞い降りてくる雪を見ながら私は思った。なぐさめようとして

1トラウマ　強いショックなどによって生じる心の傷。精神的外傷。［ドイツ語］Trauma　**2マザコン**　マザー・コンプレックス（［和製英語］mother complex）の略。ここでは、母親から精神的に独立していない男性をいう。

❶「まるで雪が外と内側と両方に降っているようだった。」とはどのようなことか。

❷何を「やりすぎてしまう」のか。

〈鬱状態〉
＊愛情に飢える

さりげなくおいしいものを作ったり、食べに行こうとさそったり、おもしろい話があったら伝えたり、気をつかいすぎて全然話しかけなかったり。そういうふうに不自然にふるまっていると、ただでさえ落ち込んでいる彼がいらっとなるのが、最近はわかるようになってきた。

　私を失ったら彼は本当に今、*天涯孤独になってしまう。でも今、彼はひとりでいたいのだろう、と思う。かと言って、旅行でも行けば、とか私が実家に帰っていようか、と言っても彼は怒ってそんなに俺の暗いのがうっとうしいのか、という始末だった。やつあたりされて、甘えられているのだということはわかっていたが、私もどうしていいのかよくわからない。

　お母さんと彼の結びつきを知っているだけに、夜中にじっと目を開けて天井を見ている彼を見ているだけに、そっとしておいてあげるしかできないのだった。そんなとき、言葉がどれほど害になるか、私は*身をもって知ることになった。それがどんなに思いやりを持って発せられても、言葉はすべて強すぎて、まるで毒みたいに、弱った彼の心をむしばんでしまう。たまに会うなら、上手に気持ちをおさえて、ここぞというときにいちばん優しいことを言ってあげられるかもしれない。でも生活の中で、不安定な心の彼にいつも上手に接するのはむつかしかった。放っておくのがいちばんだとはわかっていても、つい、いろいろしてしまうのだった。

　なんだか悲しいな、と私は思っていた。

　お互いを好きで、なんとかなぐさめてあげたかったりありがたく思っているのに通じ合うことがないなんて……。

雪はどんどん強くなり、ＴＶではいろいろな警報が出始めた。電車が止まるだの、車にはチェーンをつけろだの、大騒ぎだった。

　お母さんと彼は彼が十歳のときに、お母さんが売れはじめて札幌《さっぽろ》から東京に出てきたのだという。お母さんは東京には大きな画材屋さんがあるのがうれしくて、はじめのうちは毎日画材屋さんに入り浸りだった、とふたりともが懐かしそうに語っていた。

　雪……幼い彼が今と同じふてくされたような顔をして、

お母さんに手をひかれて雪の中を歩いていくところを思い浮かべた。それから、思い出もよみがえってきた。お母さんはとても勘がよくて、私にはじめて会ったとき、夢の中で見た人と同じだわ、と言った。きっと息子とあなたはほんとうに気が合うわ、だって、夢の中であなたの顔を見たもの。そう言って、子供みたいな顔で笑った。私はお母さんの描く絵が好きだったので、ちょっと緊張していた。

　それから、❸不思議なこともあった。

　ある夜中、私ははっと目を覚ました。美術関係の出版社につとめている彼は同僚とスキーに出かけていて、いなかった。目を覚ましたとき、彼の面影が心にとびこんできて、私は闇の中できょろきょろとあたりを見回した。そのとき、電話が鳴った。あわてて取ると、彼のお母さんだった。

「息子に何かあったような気がするの。変な電話してごめんね。」

　私もそんな感じがしたんです、と私は言い、しばらく話して電話を切った。すると同僚の居眠り運転で車がガードレールにぶつかって、むちうちになったよ、という彼からの電話だった。病院にいるが今から帰るということだった。

　私が電話をすると、お母さんは今から行っていい？　と言った。珍しいことだと思いながら、いいですよ、と答えた。お母さんはパジャマにコートをひっかけてやってきた。お茶を飲んで待っていたが、彼はなかなか帰ってこなかったので、お母さんと私は合宿みたい、と言って居間に並べてふとんをしいて、夜明けに彼が帰ってくるまでいっしょに寝た。

　そうやって並んで寝てみると、お母さんの筋ばった首も、細い腕も、爪の形も彼にそっくりだった。すうすう寝息をたてているお母さんを見ていたら、なんだか知らないけど涙が出てきた。心配かけたり、急にやってきたり、❹ふたり

❸「不思議なこと」とは何か。
❹「ふたり」とは誰のことか。

＊天涯孤独になる
＊身をもって知る

そろって憎たらしくて、しかもその百倍くらい愛おしかった。

あの腕も、胸も、足も、もうこの世にはなくて、さわることはできない。もう私が生きている時間の中でお母さんに会うことはないんだ、彼もそうなんだ、と思ったら、とても悲しい気持ちになった。せっかくこの間の誕生日のために、彼と[3]笠間《かさま》まで行ってお母さんの名前の入ったカップを特別に焼いてもらったのに、もうそれを使う人はいないんだ。

雪に閉じこめられていく白い世界の中で、私の窓は涙でちょっとにじんだ景色になった。目の前の道を歩いていく人たちはみんな雪のことばっかり話したり、考えたりしていた。子供たちははしゃいで傘をささずに走っていく。車はのろのろ運転で坂道を降りていく。この目に映るすべての人たちに、お母さんというものがいる。不思議な感じがした。

夕方かなり早い時間に「車で帰ってこれなくなると困るから、仕事持って帰ってきたよ。」と言いながら彼が玄関から入ってきた。肩も頭も雪でびしょぬれで、私は無言でタオルを持ってきて、

「声がでないの。風邪で。」

とささやきながら、背中をふいた。

「熱は？」

彼が聞き、私は首をふった。タオルに雪の結晶がついているのを見つけて、私はほほえんだ。彼も溶けていく直前のその精密な形に気づいて、ほほえんだ。

5 そんなふうになにかひとつのものを見てゆっくりした気持ちになったのは久しぶりで、お互いに「？」と思った。

そうか、声がでなくてしゃべれないからだ、と私は思った。

彼は着替えに行くよ、と自分の部屋に向かい、私はタオルを洗濯かごに入れに行った。

何か、白っぽい光、ちょうど夕方の青い闇ににじんだ光がともっていたのに似たものがふたりのあいだにひらめきかけていた。

「どうせだまってりゃいいのね、私なんて!」

そう思うのは簡単だった。

しかしそうではなかった。そんな簡単なことではなかった。

声が出ないままに調理をして、買い物に行けなかったのでシチューとワインとパンだけの夕食がテーブルに並んだとき、

「まだ声出ないの?」

と彼が言って、私がうなずいたとき、また何かを感じた。

「やっぱり雪の日はシチューだよね。」

彼がそう言ってシチューを食べはじめたとき、私は感じが悪くならないように、ことさらににっこりと、同意を示すほほえみをかえした。

しかしそこでいつもだったら「そうだね。」と言って自分のことを話し始める私の中に、もうひとりの私がいつもいたのだ、と知った。もうひとりの私はただほほえんでいたに違いない。言葉の代わりにもっと伝えようとして、にっこりする顔はいつもよりも数倍柔らかくて静かだった。

そのほほえみは言葉よりも何倍も多くを伝えるということを、言葉に甘えきっていた私は忘れかけていた。

いつもなら「こしょうどこ?」「棚の上。」で終わってしまう会話も、返事ができないために指さしたり、ささやき声で棚、と言ったり、わからなくなってそっと立ち上がって取ったりしているだけで、小さい音で流れる音楽のような調和が生まれた。

外はますます雪が激しくなり、ふたりはかまくら[4]にいるようだった。

黙っているのに全然気まずくなくて、むしろ笑顔を交わ

3笠間 茨城《いばらき》県にある市。主な産業の一つに笠間焼《やき》がある。 **4かまくら** 秋田県で小正月(陰暦一月十五日およびその前後)に行われる行事で使用される雪室《ゆきむろ》。横手市のものが有名。雪室の中では神棚を祭り、子供たちが餅《もち》を焼いたりする。現在は二月十五日前後に行われる。

5 「そんなふうに」とは何をさしているか。

し、ストーブの上のやかんからはいい音がしていて、彼はその熱湯で食後熱いコーヒーをいれるから、喉のためにはちみつを入れれば、と優しい言葉をかけてくれた。

　はちみつをおそろしいほど入れた甘いコーヒーを飲んで黙っていたら、なんだかものすごく広い空間にいるような感じがした。

　そしていろいろ考えた。

　今、[6]しゃべれない私は私であって、私ではない。たたずまいも違う、しぐさも違う、空気を乱さないように動き、外の雪と同じ流れを持って呼吸している。

　だからといって、それは彼のお母さんの持っていた静けさとも違う。なにか新しい、新鮮で力強い第三の女が、今、たまたまここに生まれ出てきて白く輝いているのだ、そう思った。

　ああ、今の気持ちを表す音楽がある。ケイト・ブッシュ[5]の歌だったような気がする。彼のお母さんの大好きだった音楽だ。妻が夫をためすために変名で愛の手紙を書いて、夫はそれを受け取って、まるで涙に明け暮れる前の妻のようだと思って手紙の主を愛するという内容だった。……輝くほどに美しかった妻のようだ、何もかも捧《ささ》げ尽くす無償の美しさだ、と……。

　私は黙りながらも、本気で反省していた。

　声が出るようになったら、もう私はこの静けさや動きを失ってしまうだろう、でも決してもとのがさつな気持ちに戻ることはない。私の生きていろいろ期待している貪欲な生命の力が、悲しみに沈むむきだしで繊細な状態の彼の魂に傷をつけることはもうないだろう。

　静けさ、それに準ずるもの、雪……外の白い光が見たくて消した電気、赤く燃えるストーブの火。すべてが、母親を亡くした彼にしてあげるべきことだった。

　コーヒーのおかわりをいれてあげようと思って立ち上がると、窓の外をじっと見ていた彼の肩[*]が震えた。声を出さないで彼は泣いていた。

　私がそっと手を握ると、彼は言った。

「雪で、家の中が静かで、君が黙っていて優しいから、なんだか昔の、北海道のことを、思い出して……。」

そして片手で顔を*覆った。お母さんが死んでから、彼が涙を見せるのははじめてだった。お母さんにそっくりな指、お母さんはここに生きている、そう思った。悲しいけど、いつか私たちも向こう側に、何も持たずに行くのよ、といつもなら言ってしまっただろう。

でも私は黙ったまま、彼の熱い手を握っていた。降りしきる雪はさっき帰ってきた彼の車をすっかり覆って、かまくらみたいな形にしていた。街灯の明かりが幻みたいににじんでいるのを、私はじっと見ていた。

5ケイト・ブッシュの歌　「バブーシュカ」という曲で、この小説のタイトルにもなっている。「バブーシュカ」はロシア語で「おばあさん」の意。転じて、女性が身に着けるスカーフのことも指す。ケイト・ブッシュ（Kate Bush）はイギリスの歌手、一九五八年―。

6「しゃべれない私は私であって、私ではない」とはどのようなことか。

〈貪欲〉〈繊細〉
＊肩が震える
＊顔を覆う

●理解●

(1)「彼」の「お母さん」はどのような人か、「外向きの顔」（七九・下6）と「ふたりでいるとき」（同）の違いに注意しながら整理しなさい。

(2)「なにか新しい、新鮮で力強い第三の女が、今、たまたまここに生まれ出てきて白く輝いているのだ」（八四・上12）とはどのようなことを表しているか、「第三の女」に注意して説明しなさい。

(3)「私」が「本気で反省していた」（八四・下4）のはどのようなことか、考えなさい。

(4)「お母さんが死んでから、彼が涙を見せるのははじめてだった。」（八五・上1）とあるが、今まで「彼」が涙を見せなかったのはなぜか、想像してみよう。

棒

安部《あべ》公房《こうぼう》

むし暑い、ある六月の日曜日……。

私は、人ごみに埋まった駅前のデパートの屋上で、二人の子供の守をしながら、雨あがりの、腫れぼったくむくんだような街を見下ろしていた。

ちょうど人が立ち去ったばかりの、通風筒と階段のあいだの一人用のすきまをみつけ、すばやく割り込んで子供たちを順に抱きあげてやったりしているうちに、子供たちはすぐ飽きてしまって、こんどは自分が夢中になっていた。しかし、❶特別なことではなかったと思う。じっさい、手すりにへばりついているのは、子供より大人が多い。子供たちはたいていすぐ飽きてしまって、帰ろうとせがみだすのに、仕事を邪魔されでもしたように叱りつけて、うっとりとまた手すりの腕に顎をのっけるのは大人たちなのである。

むろん、❷少々、後ろめたいたのしみかもしれない。だからといって、ことさら、問題にするほどのことだろうか。私はただぼんやりしていただけである。すくなくも、後になって思い出す必要にせまられるようなことは、なにも考えていなかったはずだ。ただ、しめっぽい空気のせいか、私は妙にいらだたしく、子供たちに対して腹をたてていた。

安部公房　一九二四（大正一三）—一九三（平成五）年。小説家・劇作家。東京都生まれ。疎外された人間の諸状況を超現実的な手法で描き出した。一九五一年、『壁』で芥《あくた》川《がわ》賞。作品に『赤い繭《まゆ》』『砂の女』などがある。この作品は一九五五年に発表されたもので、本文は「安部公房全集」第五巻によった。

❶ 何が「特別なことではなかった」のか。

❷ 「少々、後ろめたいたのしみかもしれない」と考えたのはなぜか。

上の子供が、怒ったような声で、「父ちゃん。」と叫んだ。私は思わず、その声から逃れるように、ぐっと上半身をのりだしていた。といっても、ほんの気分上のことで、危険なほどだったとは思えない。ところが、ふわりと体が宙に浮き、「父ちゃん。」という叫び声を聞きながら、私は墜落しはじめた。

落ちるときそうなったのか、そうなって落ちたのかは、はっきりしないが、気がつくと私は一本の棒になっていた。太からず、細からず、ちょうど手頃な、一メートルほどのまっすぐな棒切れだ。「父ちゃん。」と二度目の叫び声がした。下の歩道の雑踏がさっと動いて割れ目ができた。私はその割れ目めがけて、くるくるまわりながら、まっしぐらに落ちていき、乾いた鋭い音をたててはねかえり、並木に当たって、歩道と車道のあいだの溝のくぼみにつきささった。

人々は腹をたてて上をにらんだ。屋上の手すりに、*血の気のうせた私の子供たちの小さな顔が、行儀よくならんでいた。入り口にがんばっていた守衛が、いたずら小僧どもを厳重に処罰することを約束して、駆け上がっていった。人々は興奮し、こぶしを振り上げて威嚇した。それで私自身は、誰からも気づかれずに、しばらくそこにつきささったままでいた。

やっと一人の学生が私に気づいた。その学生は三人連れで、連れの一人は同じ制服の学生、いま一人は彼らの先生らしかった。学生たちは、背丈から、顔つきから、帽子の

〈墜落〉〈雑踏〉〈行儀〉
〈処罰〉〈威嚇〉
＊血の気がうせる

かぶりかたまで、まるでふた子のように似かよっていた。先生は白い鼻ひげ*をたくわえ、度の強い眼鏡をかけた、いかにももの静かな長身の紳士だった。

初めの学生が私を引きぬきながら、なにか残念そうな❸口調で言った。「こんなものでも、当たりどころが悪けりゃ、けっこう死にますね。」

「貸してごらん。」と言って先生はほほえんだ。学生から私を受け取り、二、三度ふってみて、「思ったよりも軽いね。しかし、欲張ることはない。これでも、君たちには、けっこういい研究材料だ。最初の実習としてはおあつらえむきかもしれない。この棒から、どんなことが分かるか、一つみんなで考えてみることにしようじゃないか。」

先生が私をついて歩きだし、二人の学生が後につづいた。三人は雑踏をさけて、駅前の広場に出、ベンチをさがしたがどれもふさがっているので、緑地帯の縁にならんで腰をおろした。先生は私を両手にささげて持ち、目を細めて光にすかすようにした。すると、私は妙なことに気づいた。同時に学生たちも気づいたとみえて、ほとんど同時に口をきった。「先生、ひげが……。」どうやらそのひげは付けひげだったらしい。左端がはがれて、風でぶるぶるふるえていた。先生は静かにうなずき、指先につけた唾でしめしておさえつけ、何事もなかったように両側の学生をかえりみて言った。

「さあ、この棒から、どんなことが想像できるだろうね。まず分析し、判断し、それから処罰の方法を決めてごらん。」

❸「残念そうな」とあるが、何が「残念」なのか。

まず右側の学生が私を受け取って、いろいろな角度からながめまわした。「最初に気づくことはこの棒に上下の区別があるということです。」筒にした手の中に私をすべらせながら、「上の方はかなり手あかがしみこんでいます。下の部分は相当にすりへっています。これは、この棒が、ただ道端にすてられていたものではなく、なにか一定の目的のために、人に使われていたということを意味すると思います。しかし、この棒は、かなりらんぼうなあつかいを受けていたようだ。一面に傷だらけです。しかも捨てられずに使いつづけられたというのは、おそらくこの棒が、生前、誠実で単純な心をもっていたためではないでしょうか。」

「君の言うことは正しい。しかし、いくぶん、感傷的になりすぎているようだね。」と先生が微笑*をふくんだ声で言った。

すると、その言葉にこたえようとしたためか、ほとんどきびしいといってもよい調子で、左側の学生が言った。

「ぼくは、この棒は、ぜんぜん無能だったのだろうと思います。だって、あまり単純すぎるじゃありませんか。ただの棒なんて、人間の道具にしちゃ、下等すぎますすよ。棒なら、猿にだって使えるんです。」

「でも、逆にいえば、」と右側の学生が言い返した。「棒はあらゆる道具の根本だとも言えるんじゃないでしょうか。それに、特殊化していないだけに、用途も広いのです。盲

〈感傷的〉
＊ひげをたくわえる
＊微笑をふくむ

人を導くこともできれば、犬をならすこともでき、テコにして重いものを動かすこともできれば、敵を打つこともできる。」

「棒が盲人を導くんだって？　ぼくはそんな意見に賛成することはできません。盲人は棒に導かれているわけではなく、棒を利用して、自分で自分を導くのだと思います。」

「それが、誠実ということではないでしょうか。」

「そうかもしれない。しかし、この棒で先生がぼくを打つこともできれば、ぼくが先生を打つこともできる。」

　ついに先生が笑いだしてしまった。「瓜《うり》二つの君たちが言い合っているのを見るのは、実にゆかいだ。しかし、君たちは、同じことを違った表現で言っているのにすぎないのさ。きみたちの言っていることを要約すれば、つまりこの男は棒だったということになる。そして、それが、この男に関しての必要にして充分な解答なのだ。……すなわち、この棒は、棒であった。」

「でも、」と右側の学生が未練がましく、「棒でありえたという、特徴は認めてやらなければならないのではないでしょうか。ぼくは、標本室で、ずいぶんいろんな人間を見ましたけど、棒はまだ一度も見たことがありません。こういう単純な誠実さは、やはり珍しい……。」

「いや、われわれの標本室にないからといって、珍しいとはかぎるまい。」と先生が答えた。「逆に、平凡すぎる場合だってあるのさ。つまり、あまりありふれているので、とくに取り上げて研究*する必要をみとめないこともある。」

学生たちは、思わず、申し合わせたように顔を上げて❹周囲の雑踏を見まわした。先生が笑って言った。「いや、この人たちが全部、棒になるというわけではない。棒がありふれているというのは、量的な意味よりも、むしろ質的な意味で言っているのだ。数学者たちが、もう、三角形の性質をとやかく言わないのと同じことさ。つまり、そこからはもう新しい発見はなにもありえない。」ちょっと間をおいて、「ところで、君たちは、どういう刑を言いわたすつもりかな?」

❺「こんな棒にまで、罰を加えなけりゃならないんでしょうか。」と右側の学生が困ったようにたずねた。

「君はどう思う?」と先生が左側の学生をふりかえる。

「当然罰しなければなりません。死者を罰するということで、ぼくらの存在理由が成り立っているのです。ぼくらがいる以上、罰しないわけにはいきません。」

「さて、それでは、どういう刑罰が適当だろうかな?」

二人の学生は、それぞれ、じっと考えこんでしまった。先生は、私をとって、地面になにかいたずら書きをしはじめる。抽象的な意味のない図形だったが、そのうち、手足が生えて、怪物の姿になった。つぎに、その絵を消しはじめた。消しおわって、立ち上

❹「周囲の雑踏を見まわした」のはなぜか。

❺「こんな棒」とはどのような「棒」か。

〈平凡〉
*……する必要をみとめない

がり、ずっと遠くを見るような表情で、つぶやくように言った。

「きみたちも、もう、充分考えただろう。この答えは、易しすぎてむつかしい。講義のときに習ったおぼえがあるだろうと思うが、……裁かないことによって、裁かれる連中……。」

「おぼえています。」と学生たちが口をそろえていった。「地上の法廷は、人類の何パーセントかを裁けばいい。しかし、われわれは、不死の人間が現れでもしないかぎりこのすべてを裁かなければならないのです。ところが、人間の数にくらべて、われわれの数はきわめて少ない。もし、全部の死人を、同じように裁かなければならなくなったりしたら、われわれは過労のために消滅*せざるをえないでしょう。さいわい、こうした、裁かぬことによって裁いたことになる、好都合な連中がいてくれて……。」

「この棒などが、その代表的な例なのだ。」先生は微笑して、私から手をはなした。私は倒れて、ころげだした。先生が靴先でうけとめて、「だからこうして、置きざりにするのが、一番の罰なのさ。誰かがひろって、生前とまったく同じように、棒としていろいろに使ってくれることだろう。」

学生の一人が、❻ふと思い出したように、「この棒は、ぼくらの言うことを聞いて、なにか思ったでしょうか？」

先生は、いつくしむように学生の顔を見つめ、しかし何も言わずに、二人をうながし

❻「ふと思い出したように」言ったことばによって、何が分かるか。

て歩きはじめた。学生たちは、やはり気がかりらしく、幾度か私のほうを振り向いていたが、間もなく人波にのまれて見えなくなってしまった。誰かが私を踏んづけた。雨にぬれて、やわらかくなった地面の中に、私は半分ほどめりこんだ。
「父ちゃん、父ちゃん、父ちゃん……。」という叫び声が聞こえた。私の子供たちのようでもあったし、ちがうようでもあった。この雑踏の中の、何千という子供たちの中には、父親の名を叫んで呼ばなければならない子供がほかに何人いたって不思議ではない。

一 *……せざるをえない

●理解●

(1)「……すなわち、この棒は、棒であった。」（九〇・11）とはどのようなことか、説明しなさい。
(2)「裁かぬことによって裁いたことになる」（九二・9）とはどのようなことか、説明しなさい。
(3)「いつくしむように学生の顔を見つめ、しかし何も言わずに、二人をうながして歩きはじめた」（九二・17）とあるが、このときの「先生」の心情はどのようなものか、説明しなさい。
(4)「私の子供たちのようでもあったし、ちがうようでもあった。」（九三・4）とあるが、そう感じたのはなぜか、説明しなさい。

空き缶

林《はやし》　京子《きょうこ》

校舎は、コの字形のコンクリート四階建てである。私たち五人は、その校舎に囲まれた中庭の、ほぼ中央に立っていた。時間は午後一時半をすぎている。太陽は西に回りはじめて、中庭には校舎の影が映っている。五人が立っている場所も、すでに陰になっている。

しかし、まだ、西向きの講堂には、日がいっぱいにさしていた。

「洗面所の使用法について、一言。」腰に両手を当てて、大木《おおき》が四人に向かって言った。それは誰？　その口調は、と西田《にしだ》が、大木を指して考える表情をする。あれは誰だったか。洗面所の使い方ばかりを注意する先生が、確かにいた。[1]かめのこだわし、突然思い浮かんだ恩師のあだなを、私は大声で叫んだ。いやあ、と長崎弁特有の、柔らかい注意のしかたで、原《はら》が、私のオーバーコートの袖を引いた。そして、職員室に聞こえるよ、と言った。三十年も前の教師たちが、いま、職員室にいるはずがなかった。三十年前の教師たちばかりではない。職員室には、もう誰もいない。

かつての私たちの母校は、来年いっぱいで廃校になってしまう。生徒たちも、長崎市街を見おろせる台地に建った、新校舎に移転してしまっている。さっき、校門を入る時に見かけたのだが、玄関の[2]車まわしに植えてあった[3]フェニックスは掘り起こされて、根を、[4]あら筵《むしろ》で包んであった。私たちが女学生の頃にも、車まわしにフェニックスが植えてあった。枝ぶりからみて、たぶんおなじ木なのだろう。根《ね》

林　京子　一九三〇（昭和五）—二〇一七（平成二九）年。小説家。長崎県生まれ。十四歳で被爆。一九七五年、『祭りの場』で芥《あくた》川《がわ》賞。作品、『上海《シャンハイ》』など。この作品は一九八八年刊行の『祭りの場・ギヤマン　ビードロ』に収められており、本文は同書によった。

元《もと》から三本に分かれたフェニックスは、三十年の歳月の間に、七、八メートルの大木になっている。この木も、新校舎の方に植えかえられるのだろうか。

　校舎の内には、私たち以外には、誰もいない。城壁のようにつっ立った校舎は、コンクリートの壁面に音を吸いとってしまって、物音一つたてずに静まっている。

　緊急通達事項が起きると、私たちは、よくこの中庭に集合させられた。大木が口まねをしている教師は理科の男教師で、緊急通達が終わると、ええ、と生徒に向かって話しかけながら、せかせか歩いて朝礼台に登る。そして大木の口まねどおり「洗面所の使用法について。」と*話を切り出す。生理用具の処理のしかた、水の流し方、使用上の注意を事こまかに説明して、特に冬になると便所の管が凍って水が外部に溢《あふ》れ出てしまう、そのために校舎の外壁に白い水もれの跡がついて、*はなはだしく校舎の美観を損なう、と流れの跡を指して私たちに注意する。終戦直後の殺伐とした時代ではあったが、やはり少女である私たちは恥ずかしかった。中庭に立って、真っ先に大木が思い出したのも、恥ずかしい思いが印象に深かったからだろう。その白い、水の流れの跡は幅を広げて、いまも残っている。

　一階、二階と、壁面で階を追いながら、私は目を空に移していった。コの字に区切られた快晴の空が、顔の上にあった。初冬には珍しい、暑さを感じさせる太陽の光が、コンクリートの直線に沿って輝いている。さらに私は、目を四階、三階と下ろしていった。校舎の窓は、全部が閉めてあった。無人の校舎にしては、ガラスはよく磨いてある。そして、各階の窓のことごとくに、ガラスがきれいに入っている。❶そのことが私には奇妙に見えた。

〈廃校〉〈美観〉〈殺伐〉
*話を切り出す
*はなはだしく

1かめのこだわし　シュロの繊維を楕円《だえん》形に束ねて作るたわし。　**2車まわし**　門と玄関の間にある、車を導き入れるための円形や楕円形の小庭園。　**3フェニックス**　ヤシ科の常緑樹。暖かい地方で庭木や街路樹として植えられる。
4あら筵　わらなどを編んで作る、目の粗い敷物。

❶「そのことが私には奇妙に見えた。」のはなぜか。

昭和二十年の八月九日の、原爆投下後から卒業するまでの二年間、この校舎には窓ガラスが一枚もなかった。爆風で弓なりに反った窓枠の隅に、サメの歯のように尖《とが》ったガラス片がところどころ、残っている程度だった。

更衣室や洗面所の、目かくしが要る場所には、板切れが打ちつけてあった。それも鉄の窓枠が、正常な箇所だけである。

反った窓枠の一つ一つを、どのようにして矯正したのか。あの当時のままの、縦横に仕切りの多い窓枠は、まっすぐに伸びて、透明ガラスがはめこまれている。気をつけて見ると講堂側の窓に五、六か所、流行のアルミサッシュ[5]の枠がある。上、下二段に分かれた窓は、そこの窓枠だけが銀色に光って、西日に輝いている。矯正がきかない、破損のひどい窓のかわりに取りかえられたのだろうが、白い水の跡や、パテ[6]が目立つ赤さびた鉄枠の窓の中で、*取ってつけた新しさが浮きあがっていた。

「この庭、こんなに狭かった？」と西田が中庭を見まわして言った。

「うちもいま、同じことを考えとったとよ。」と原が言って、西田と並んで、中庭を見まわす。なかに入ってみん？と和服を着ている野田《のだ》が言った。

「へえ、入ってみよう、講堂ば見ておきたか。」と大木が言った。取り壊される前に、私も、あと一度、講堂を見ておきたい、と思った。

私たちは、生徒専用の通用口に向かって、歩いていった。通用口には、鉄の錠前が掛けてあった。私たちは中庭を抜けて、フェニックスを掘り起こした土で汚れている玄関から、校舎に入った。

講堂の入り口に立った瞬間、私たち五人は雑談を止《や》めた。それぞれが、その場に*釘《くぎ》づけになって、*立ちすくんだ。講堂には何もない。式や行事の日に、私たち生徒が座った木の長椅子も、細長い机もない。ただ一脚、背もたれが折れて、使いものにならない長椅子が、講堂の真ん中に置いてある。

舞台の幕も取りはずされて、白い胡粉《ごふん》の壁が、あらわに見えている。ピアノも、式次第を書きしるす黒板も、道具類は、運び出されてしまって、艶のない、ささくれた床に、乾いた雑巾が一つ、捨ててあった。私は天井を見あげた。細い板を張った天井には、淡い緑のペンキが塗ってある。色あいも、十センチメートル幅の板目も、三十年前そのままの様子で、目の前にある。そして、乳色の球状をした[8]シャンデリアも、当時のままである。

　講堂は、明るく、ひっそりしていた。悲しゅうなる、と原がつぶやいた。追悼会——と私もつぶやいた。大木と野田が、無言でうなずいた。幕をはぎとられて裸になってしまっている舞台に向かって、私は黙禱《もくとう》をした。

　卒業以来、私ははじめて講堂を見る。入り口に立った時に私を釘づけにした思いは、音楽会でも卒業式でもない。終戦の年の十月に行われた、原爆で死亡した生徒や先生たちの、追悼会である。私が無言の祈りを捧《ささ》げたのは、その日の、友人たちの霊に対してである。大木たちも、同じ思いだったろう。特に原と大木には、[9]浦上《うらかみ》の兵器工場で被爆した重態の体を、この講堂の床に横たえた思い出がある。原も大木も傷は癒えて、生き残ったが、何十人かの女学生たちは、先生や仲間たちにみとられて、この床の上で死んでいった。生徒数千三、四百人のうち、三百名近い死者が、八月九日から十月の追悼会までに数えられていた。浦上方面の[10]軍需工場に[11]動員されていて即死した者、自宅で白骨化した者、さまざまである。和紙に、毛筆で書かれた生徒たちの氏名は、胡粉の壁の端から端まで、四、五段に分けて貼ってあった。

　クラスごとに、担任教師が生徒たちの名前を読みあげた。担任教師が被爆死しているクラスは、同じ学年の教師が、

5アルミサッシュ　アルミニウム合金で作られた窓枠。アルミニウムサッシ。　**6パテ**　窓枠にガラスを取り付ける際などに使う硬いペースト状の接合剤。［英語］putty　**7胡粉**　貝殻から作った白い顔料。　**8シャンデリア**　天井から吊《つ》り下げる形の照明器具。［英語］chandelier　**9浦上**　長崎市中北部の地名。原爆の爆心地になった。　**10軍需工場**　軍事上必要な物資を作る工場。　**11動員**　人員・資源・設備などを、国家や軍隊の管理のもとに集めること。

〈矯正〉〈式次第〉
＊取ってつける
＊釘づけになる
＊立ちすくむ

教え子たちの名を代わって呼んだ。読みあげられる一人一人の名前に、生き残った生徒たちの間から、どよめきが起こる。そのうち、どよめきは静まって、私たちは*気抜けした者のように*肩を落として、長椅子に座っていた。三方の壁ぎわには、死亡した生徒たちの父母が座っていた。父母たちは、追悼会がはじまる前から涙ぐんでいた。涙はおえつに変わって、生徒が座っている中央に向かって寄せてくる。悲しゅうなる、とつぶやいた原の言葉は、各人の胸によみがえった、あの日の思いを、率直に言い表していた。私は講堂に入った。そして中庭に面した窓辺に歩いていった。西日がさす窓を背にして、改めて講堂を眺めた。西田と大木が、寄ってきた。

　西田は腰の低い窓に寄りかかりながら、[2]「原爆の話になると、弱いのよ。」と言った。追悼会、の一言で、私たちが何を考えているのか、もちろん西田にもわかっていた。西田は、被爆者ではない。私と同じように転校生である。小学校から入学試験を受けて、選ばれて入学した、はえぬきの[12]N高女の生徒ではない。N高女の生徒たちは、入学試験で選抜された、という評価に対して誇りを持っている。だから、彼女らの転校生に対する評価は、同じN高女生であっても低い。しかし同じ転校生でも西田と私とでは、また微妙な差があった。

　私は昭和二十年の三月に、N高女に転入している。そして八月九日、動員中に被爆した。西田が転校してきたのは、終戦の年の十月、追悼会の日からである。被爆したか、しないかの差は、そのまま、はえぬきの大木たちとの結びつきにまで、かかわってきていた。

　西田が、弱い、というのは結びつき方で、弱さの原因は被爆したかしないかにある、と西田は言った。大木が、そんげんことのあるもんね、被爆は、せん方がよかに決まっとるやかね、と笑って言った。西田は、そうじゃないのよ、いい、わるいじゃなくって、心情的にそうありたい、と思うのよ、と言った。さらに、
「例えばね、あなたもわたしも転校生だから長崎弁をうまく使えない、無理に使えばギクシャクとぎこちない、そのぎこちなさよ。」わかるでしょう、と私に言った。

いまだってそうよ、と西田が、言葉を続けた。「あなたたち四人は、講堂の入り口に立った瞬間、泣き出しそうな顔をした、あの時、あなたたちが考えたことは、追悼会のことでしょう。わたしは、そうじゃないもの。」西田の脳裏に浮かんだ情景は、転校早々に行われた全校生徒の弁論大会だ、と言った。

覚えている？　と西田が私に聞いた。その頃、私は原爆[13]症で発熱が続いており、正規の授業がない日には、なるべく休むようにしていた。たぶん、弁論大会の当日も休んでいたのだろう。記憶になかった。大木が、うわあ恥ずかしかあ、と少女のように、両手で顔をかくした。

原と野田が近寄ってきて、なん？　と聞いた。

弁論大会は、生徒全員に各人の主張を書かせ、クラスから一名、優秀な作品を選んだ。その選ばれた者が、クラス

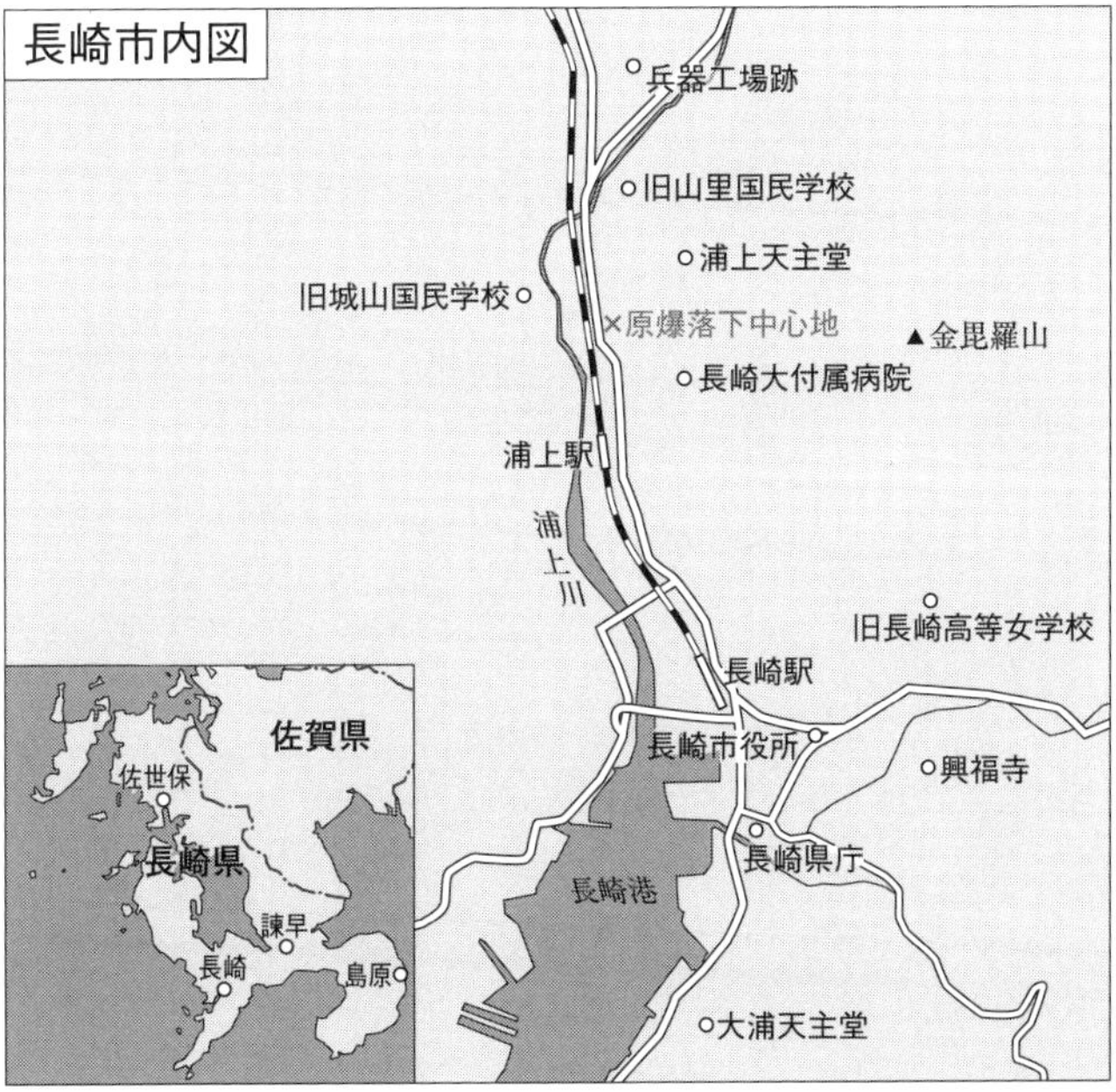

12 N高女　長崎県立長崎高等女学校のこと。一九〇一年創立。高等女学校は、十二歳以上の女子を対象とする中等教育機関であった。　**13 原爆症**　原子爆弾の被爆によって人体に生じた病状全般をさしていう。

2「原爆の話になると、弱い」とはどのようなことか。

〈無理〉〈脳裏〉
＊気抜けする
＊肩を落とす

代表として講堂の舞台で、意見を発表したらしい。西田も大木もおのおのクラス代表に選出され、優勝を競った仲らしかった。

　テーマは西田が「婦人参政権について」、大木が「婦人と職業」。大木が恥ずかしい、と言ったのは、女性を、産む作業から解放しよう、といった調子の、威勢のいい婦人と職業論だったかららしい。言い当てて、いまだに産む作業を知らず、と大木は道化て言った。東京の女子大を卒業した大木は、長崎に帰ってきて、中学校の教師を職業として選んだ。それから今日まで、何となく、独身生活を続けている。いつか結婚しよう、と待ちながら、とうとう、四十歳を過ぎてしまった、と大木は言った。

「だけど、女が一人で生きていくには、公務員が最高じゃないの。」と西田が言った。

「そう、老後の恩給[14]もつくし、よかでしたい。」と野田も言い、うちは、ご亭主が死ねば、その場でアウトさ、と首をくる真似《まね》をした。大木が*表情を曇らせて、そうでもなかよ、と言った。

　最近、長崎県では離島の教育問題が注目されてきている。離島を多く持つ長崎県では、常に懸案になっている問題点だが、大木にかかわりが出てくるのは、最も個人的な、離島赴任の問題である。そして、その可能性が、大木の場合には大きいという。独身であるのも赴任の条件の一つになるが、二十年を越える教師生活の中で、まだ長崎市内から外部に出たことがない。現在まで、転任は市内の中学校に限られてきた。これは、離島の多い長崎県の教師にとっては珍しいことだ。しかし、来春の異動には、確実に離島赴任が命じられるだろう。大木は、赴任を嫌っているのではない。大木が気がかりなのは、原爆症の再発である。

　被爆直後、生徒死亡者名が校門に張り出された時、五十音順の真っ先に、大木の姓名が書いてあった。私たちは追悼会の日まで、大木は被爆死したものだ、と思っていた。背中や腕にガラス片がささった大木は、出血がひどく、講堂で看護を受けながら、意識がなくなることがあった。引き取りに来た両親に抱かれて、大木は帰宅したが、その姿から、死亡説が出たらしかった。現在は、一応健康にみえるが、[3]不発弾を抱いているようなものである。もうこの年だし、死んでもよかばってん、いざとなれば、やっぱり恐ろしかっさ、と大木が言った。島にも医師はいるが、原爆症が出た場合、大木は、私もだが、長崎市にある原爆病院[15]に入院したい、という希望がある。原爆症にかかわらず、何らかの病気にかかったら、原爆症を考慮しながら治療が受けられる、原爆病院に入院したい、と思っている。できるならば、原爆病院に近い市か、町で生活をしていたい、とも思っている。大木の不安は、原爆病院から海をへだてて離れることにある。しかし、被爆の前歴は、赴任拒否の理由にはならない。仮に受け入れられるならば、長崎県の教師たちは、それぞれが、原爆に関連を持っているだろう。

離島に行く教師は、いなくなるだろう。が、大木が躊躇《ちゅうちょ》する気持ちは、同じ被爆者である私には理解できた。

だけど、と西田が言った。

「むごいことを言うようだけれど、予定が組まれたら進まなきゃならない、それが生きるってことじゃない、たとえ病気であってもよ。」

同じ場所に踏みとどまっているわけにはいかないのだ、立っている現在が、常に出発点なのだ、と西田が言った。

西田は半年前に夫を亡くしている。二、三日床についただけで、一言の遺言もなく死んだ。さいわい、西田は服飾デザイナーとして、名を成*している。夫の死によって、野田のように首をくくる心配はない。仕事ぶりにも定評があって、確実な足場を持っているように思える。それでも進むしかないのよ、いつ足をすくおうかって、虎視眈々《たんたん》なの

14 恩給　ここは、公務員が退職あるいは死亡したのち、本人または遺族に国や自治体が支給する年金。　**15 原爆病院**　日本赤十字社長崎原爆病院のこと。原爆被爆者などの治療にあたっている。

3「不発弾を抱いているようなもの」とは具体的にはどのようなことか。

〈道化る〉〈懸案〉
＊表情を曇らせる
＊名を成す

よ、と西田は言った。それから西田は、「失礼だけど、あなたご主人は？」と原に尋ねた。原は首を振って、大木さんと同じよ、と答えた。太った大木に比べて、原はいかにも病弱にみえる。

手や足も細く、日本人形のように整った顔は、青く肌が沈んでいる。被爆以後、悪性貧血に悩まされて、結婚生活に耐えられる肉体ではないようにみえる。大木の両親は、数年前に相次いで死亡しているが、原の両親は健在で、両親の庇護《ひご》を受けて生活していた。

「ご主人がいるのは、野田さんだけね。」と私が言った。

おうちは？　と野田が私に聞いた。

一人よ、とだけ私は答えた。

五人いる、かつての少女たちの中で、平穏な結婚生活を続けているのは、野田一人だった。死別、離婚、そして独身で今日まできている大木と原。日だまりの窓辺で、私たちはしばらく無言でいた。

「生き残って三十年、ただ生きてきただけのごたる気のする。」と原が言った。うちたちは原爆にこだわりすぎるとやろうか、と大木がひっそりと言った。

「きぬ子は、今日は来ならんと？」と野田が話題をかえた。

ああ、忘れとった、と大木が頓狂な声をあげた。朝、[16]島原《しまばら》に住んでいるきぬ子から、大木に電話があった、という。

西田と私が、一週間の予定で東京から帰郷しているのを知っているきぬ子は、今日の母校訪問に参加する予定でいた。それが急に、出席できなくなったのだ。

「申し込んどったベッドの空いてさ、原爆病院にあした、入院しなっとげなさ。」大木の言葉に、原爆症ね？　と原が[*]眉を寄せた。大木は、ううん、と首を振って、背中のガラスば抜きなっとさ、と言った。

きぬ子は、島原で小学校の教師をしている。二年生を受け持っているが、ガラス片の痛みを知ったのは、体育の授業中である。活発なきぬ子は、四十歳を過ぎていながら、子供たちに前転をしてみせていた。丸めた背中が、マットの上に落ちた時である。明滅する[17]イルミネーションのような、軽やかな痛みが、背中に起きた。年のせいかな、ときぬ子は思いながら、あと一度、前転を、生徒の前でしてみせた。今度は、尖った痛みがした。放課後、きぬ子は病院に寄って、診てもらった。医師は指先で、背中のところどころを押して、原爆におうとれば、その時ささったガラスじゃなかろうかあ、ときぬ子に聞いた。レントゲンを撮って、一週間後に一か所切開してみると、医師の言葉どおり、ガラスが出てきた。その部分の肌は固くこりこりしていて、それが幾つかある。レントゲンには影になって写るらしいが、切開してガラスを取り出すために、あした、きぬ子は入院するのだ、と大木が説明した。

「きぬ子さんって、よく覚えていないけれど弁論大会に、一緒に出た人じゃない。」と西田が聞いた。へえ、出なったね、と野田が答えた。そして、[18]あんなんはあん時は、坊主頭やったね、と言った。被爆後、きぬ子は髪の毛が抜けてしまって坊主頭になっていた、という。丸坊主で演壇に立ったきぬ子も、在学中のきぬ子も私は覚えていないし、知らない。

「命について、話しなったね。」と原が覚えていて、言った。おとうさんも、おかあさんも即死しなったけんねえ、と大木が言った。独りっ子だったの？　と私が聞いた。うちとおんなじ、天涯孤独の教師さ、と大木は、私たちを見て、笑ってみせた。

女学生時代のきぬ子を知らない私が、きぬ子とつき合うようになったのは、同窓会か同年会で同席して、それから、つき合いがはじまったようである。そして昨年、十年ぶりに私はきぬ子に会った。

私たちの恩師に、T先生という女先生がいた。当時二十四、五歳で、長崎市内の[19]上町《うわまち》にあるK寺のお嬢さんだった。N高女の先輩で、金色の産毛が頬から耳たぶにかけて光る、

＊眉を寄せる
―〈頓狂〉〈天涯孤独〉

16島原　長崎県南東部にある市。　**17イルミネーション**　色とりどりの電灯をつけて飾ること。電飾。［英語］illumination　**18あんなん**　あの人。　**19上町**　長崎市のほぼ中心部に位置する地名。

色の白い、美しい先生だった。目の玉が、青みがかった灰色をしており、髪の毛も細く、産毛よりやや濃い、栗色をしていた。長崎には西洋人に見間違えそうな男女が多いが、T先生も西洋人にみえた。T先生は、兵器工場に動員された生徒について出向していたが、八月九日、きぬ子と同じ職場の精密機械工場で即死した。

　昨年十月、T先生の墓が、生家であるK寺にあるのを知った私は、きぬ子を誘って、三十年ぶりに墓参りをした。

　墓参りを終えた私たちは、K寺の、町を見おろせる樫《かし》[20]の木の根元に座って、T先生の思い出話をしていた。きぬ子は、T先生の即死の現場を見ている。遺体を確かめたわけではないが、閃光《せんこう》に額をうたれて、光の中に溶けて見えなくなった瞬時を、目撃している。その時T先生は、きぬ子に向かって、大きな口をあけて何事かを叫んだ。言葉は、もちろん聞きとれなかった。単なる叫び、だったかもしれないが、きぬ子はT先生の最後の言葉を、何とか理解してあげたい、と思い続けた。開いた唇の形を脳裏に繰り返し描いて考えているうちに、いつの間にか、T先生はきぬ子の頭の中に貼り絵のように、貼りついてしまった。

　聞きとれなかった言葉は、きぬ子の心の負担になって、この頃では、あの情景が事実だったのか、T先生は本当に死んだのだろうか、と、それさえも疑うようになっているのだ、と言った。K寺に墓参りにきたのも、曖昧になりつつある過去を確かめる意味と、はっきりT先生の死に決着をつけるためだ、と言い、この樫の木の根元で、T先生を焼きなったって、住職夫人はいいなったね、と私に住職夫人の言葉を確認させた。

　本当よ、ここで焼いたって住職夫人は話したわ、と私は答えて、樫の木の、瘤《こぶ》になった根を叩《たた》いた。骨も拾うたって、いいなったね、もう、死になった人のことは忘れてしもうてもよかよねえ、きぬ子は私を真似て、樫の木の瘤を叩いて言った。その時きぬ子は、痛い、と小さい叫びをあげて、手のひらを撫《な》でた。手のひらには、傷口も、出血もなかった。とげをさしたの？　不思議に思って私は聞いた。

「ガラスさ。」ときぬ子は、それだけ答えた。その時の、抑揚のないきぬ子の言葉を、私は思い出していた。

「人間の体は、よう出来とるね。」と大木が言った。四、五年前に大木の背中からも一個、ガラスが出てきた。医師に、切開をして出してもらうと、真綿のような脂肪の固まりが出てきた。四、五ミリメートルの、小さいガラス片は脂肪の核になって、まるく、真珠のように包み込まれていた、という。

私たちは講堂を出た。講堂を出ると、階段の踊り場を中心に、右と左に廊下が分かれている。右側が特別教室になっている。私たちが終戦直後に使用していた教室は、その左側である。私たちは、「何組だった？」とめいめいの担任と級を確かめあいながら、廊下を歩いていった。私たちが歩いている廊下は、コの字形の校舎の、背の部分になっている。コの字の角に当たる教室は、出入り口が一つしかない。

他の教室は、前後に一つずつ、出入り口がついていた。角の教室は非常の場合を考えて、隣の教室との境の壁に、ドアが一つ、取りつけてあった。私は、その角の部屋のドアに記憶があった。ここが私の教室ね、と私は西田に言った。西田は、どれ？　と言いながら、廊下の窓から教室の内部をのぞき込んだ。女学生の頃によくのぞき込んだ姿勢で、西田は手すりに両ひじをかけて、上半身を教室に折り込む格好で、室内を見まわした。そして、これはわたしのクラスよ、と言った。西田も、壁のドアのノブに記憶がある、という。二人がもっているノブの記憶は、二人ともが正しいのかもしれなかった。ただ、出入り口が一つしかない角の教室なのか、それとも角の教室に壁を接した、共通のドアを持った教室なのか。いずれにしても西田と私の教室は、隣り合っていたことは確かなようだった。

—〈出向〉〈抑揚〉

西田と私は、転校生の心細さから親しくなったが、卒業

20 樫　ブナ科の常緑樹。アラカシ、アカガシなどの総称。

までに同じクラスになったことはない。二人が同じ教室の思い出を持っているのは、おかしなことだった。

　大木が、西田の横から教室をのぞいた。

「きぬ子は、この教室やったよ、同じクラスやったと。」と大木は、私たち二人に聞いた。私は、違う、と答えた。西田も、きぬ子と一緒のクラスになった覚えはない、と答えた。「この壁に、大穴のあいとったね。」話しながら大木は、教室に入っていく。大木は些細《ささい》な部分まで、記憶していた。大木に続いて、私たちも教室に入った。日がかげった教室には、講堂と同じように椅子も机もない。白墨の粉が浮いた黒板が、廊下側の壁にかかっている。

　教室の横の壁にかかったこの黒板は、生徒用の掲示板である。黒板の右後ろに、問題のドアがついていた。大木が説明した壁の大穴は、黒板とドアの間の壁にあいていた。穴は、教室のやや後ろ寄りになる。女学生二人が並んで通れる大きさで、そこから、隣の教室の授業風景が見えた。授業にあきると、私は振り返って、穴から見える範囲の、隣の教室の友達に*目くばせを送った。穴はすぐに補修されたが、記憶をたどっていけば、角の教室は、やはり私のクラスのように思えた。背丈が低かった私は、教室の前に座っていた。

　前の座席から振り返って、隣の教室が壁の穴から見えるのは、この角の教室しかない。

「覚えとる？」と大木が聞いた。きぬ子の空き缶？　と重ねて聞く。空き缶、どうかしなったと、と野田が聞いた。

「ほら、空き缶におとうさんと、おかあさんの骨ば入れて、毎日持ってきとんなったでしたい。」と大木が言った。❹ああ、と私は叫んだ。あの少女が、きぬ子だったのか。それならばきぬ子と私は、クラスメートになる。両親の骨を手さげカバンに入れて、登校してきていた少女を、私は覚えている。少女は、赤く、炎でただれた蓋のない空き缶に、骨を入れていた。骨がこぼれ落ちないように、口に新聞紙をかけて、赤い糸で結わえてあった。少女は席に着くと、手さげカバンの中から、教科書を出す。それから両手で抱きあげるように、空き缶を取り出す。そして、それを机の右端に置く。授業が終わると、手さげカバンの底に、両手

被爆直後の長崎市内の様子（ジョー・オダネル撮影）

でしまい、帰っていく。初め、私たちは空き缶の中身が何であるか、誰も知らなかった。少女も話そうとしない。被爆後、私たちは＊あからさまに話さないことが多くなっていたので、＊気にかかりながら、誰も尋ねなかった。少女の、空き缶を取り扱う指先が、いかにも愛《いと》おしそうに見えて、いっそう聞くのをはばかった。

　書道の時間だった。復員[21]して帰ってきた若い書道の教師が、ある日、机の上の空き缶に気がついた。半紙と硯《すずり》と教科書で、机の上はいっぱいになっている。

「その缶は何だ。机の中にしまえ。」と教壇から教師が言った。少女はうつむいて、空き缶をモンペ[22]のひざに抱いた。そして、泣き出した。教師が理由を聞いた。

「とうさんと、かあさんの骨です。」と少女が答えた。書道の教師は、少女の手から、空き缶を取った。それを教壇

21復員　戦争で召集された軍人などが、召集を解かれて兵役を離れること。

22モンペ　袴《はかま》に似て、足首のところで括《くく》るようにした衣服。おもに女性が着物の上からはいた。

4「ああ、と私は叫んだ。」のはなぜか。

＊目くばせを送る
＊あからさまに
＊気にかかる

長崎県立長崎高等女学校　1930年に新築

の机の中央に置いた。ご両親の冥福をお祈りして、黙禱を捧げよう、と教師は目を閉じた。ながい沈黙の後で、教師は、空き缶を少女の机に返して、「明日からは、家に置いてきなさい、ご両親は、君の帰りを家で待ってくださるよ、その方がいい。」と言った。

　あの時の少女が、きぬ子だったのだ。空き缶事件は、私の少女時代に錐《きり》を刺し込んだような、心の痛みになって残っていた。空き缶の持ち主が誰だったか、ということよりも、事件そのものの方が、印象に深くあった。焼けた家の跡に立って、白い灰の底から父と母の骨を拾う、幼いきぬ子の、うつむいた姿が、薄暗い教室の中に浮かびあがった。あの空き缶は、いまどこにあるのだろう。

　きぬ子は、まだ、赤さびた空き缶に両親の骨を入れて、独り住まいの部屋の机に、置いているのだろうか。

　昨年、K寺で会ったときにも、きぬ子は両親の話には触れなかった。現在の生活も、過去の生活も、いっさいを口にしなかった。あの頃、背中のガラスは、すでに痛みはじめていたのかもしれない。

きぬ子は、あした入院するという。きぬ子の背中から、
三十年前のガラス片は、何個出てくるだろう。光の中に取り出された白い脂肪のぬめった珠《たま》は、どんな光を放つのだろうか。
●理解●

(1)長崎への原爆投下について調べなさい。
(2)「私」、大木、西田、原、野田、きぬ子の原爆投下時の状況とその後について、表にまとめなさい。
(3)三十年前の記憶と現在の認識との間に違和感や食い違いがあると言及されている箇所を指摘し、まとめなさい。
(4)「あの時の少女が、きぬ子だったのだ。」(一〇八・下6)と気づいたとき、「私」の心情はどのように変わったか。「あの空き缶は、いまどこにあるのだろう。」(同・下12)という記述に留意して、説明しなさい。

富《ふ》嶽《がく》百景《ひゃっけい》

太宰《だざい》 治《おさむ》

　富士の頂角、広重[1]《ひろしげ》の富士は八十五度、文晁[2]《ぶんちょう》の富士も八十四度くらい、けれども、陸軍[3]の実測図によって東西および南北に断面図を作ってみると、東西縦断は頂角、百二十四度となり、南北は百十七度である。広重、文晁に限らず、たいていの絵の富士は、鋭角である。頂が、細く、高く、華奢《きゃしゃ》である。北斎[4]《ほくさい》にいたっては、その頂角、ほとんど三十度くらい、エッフェル鉄塔[5]のような富士をさえ描いている。けれども、実際の富士は、鈍角も鈍角、のろくさと広がり、東西、百二十四度、南北は百十七度、決して、秀抜の、すらと高い山ではない。たとえば私が、インドかどこかの国から、突然、鷲《わし》にさらわれ、すとんと日本の沼津[6]《ぬまづ》あたりの海岸に落とされて、ふと、この山を見つけても、そんなに驚嘆しないだろう。ニッポンのフジヤマを、あらかじめ憧れているからこそ、ワンダフルなのであって、そうでなくて、そのような俗な宣伝を、いっさい知らず、素朴な、純粋の、うつろな心に、果たして、どれだけ訴え得るか、そのことになると、多少、心細い山である。低い。裾の広がっている割に、低い。あれくらいの裾を持っている山ならば、少なくとも、もう一・五倍、高くなければいけない。

　十国[7]《じっこく》峠から見た富士だけは、高かった。あれは、よかった。はじめ、雲のために、頂が見えず、私は、その裾の勾《こう》配《ばい》から判断して、たぶん、あそこあたりが、頂であろうと、雲の一点に印をつけて、そのうちに、雲が切れて、見ると、

太宰　治　一九〇九（明治四二）―四八（昭和二三）年。小説家。青森県生まれ。俗物的なものに対する反抗で、青年に大きな影響を与えた。作品に『斜陽』『人間失格』などがある。この作品は一九三九年に発表されたもので、本文は「太宰治全集」第二巻によった。

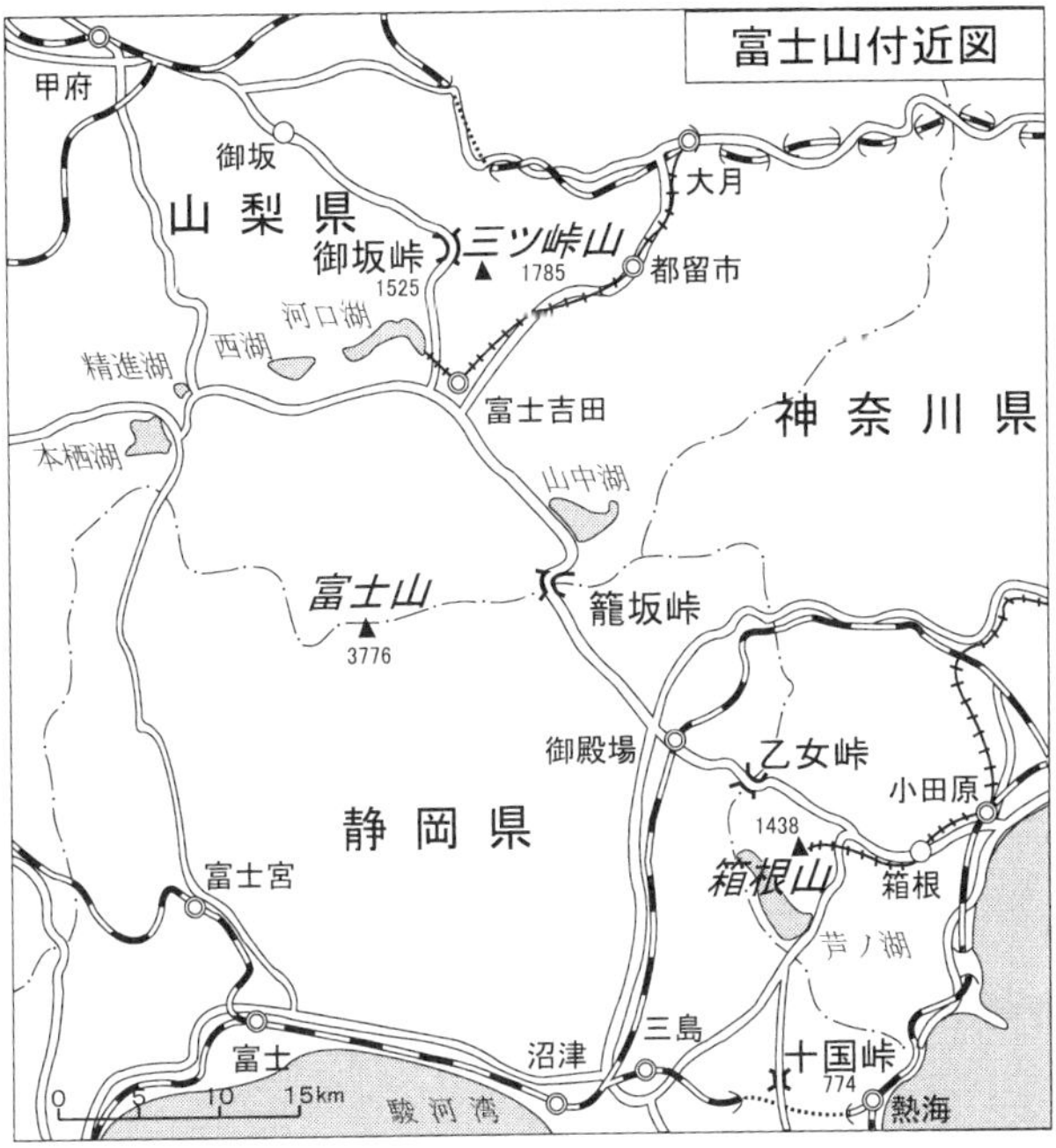

違った。私が、あらかじめ印をつけておいたところより、その倍も高いところに、青い頂が、すっと見えた。驚いた、というよりも私は、変にくすぐったく、げらげら笑った。やっていやがる、と思った。人は、完全の頼もしさに接すると、まず、だらしなくげらげら笑うものらしい。全身のネジが、＊たわいなくゆるんで、これはおかしな言い方であるが、帯紐《おびひも》といて笑うといったような感じである。諸君が、もし恋人と逢《あ》って、逢ったとたんに、恋人がげらげら笑い出したら、慶祝である。必ず、恋人の非礼をとがめてはならぬ。恋人は、君に逢って、君の完全の頼もしさを、全身に浴びているのだ。

東京の、アパートの窓から見る富士は、苦しい。冬には、はっきり、よく見える。小さい、真っ白い三角が、地平線

1広重　安藤《あんどう》広重、一七九七―一八五八年。江戸時代後期の浮世絵師。代表作に「東海道五十三次」がある。**2文晁**　谷《たに》文晁、一七六三―一八四〇年。江戸時代後期の画家。代表作に「日本名山図会《ずえ》」がある。**3陸軍の実測図**　旧陸軍が作成した地図。現在の国土地理院発行の地図にあたる。**4北斎**　葛飾《かつしか》北斎、一七六〇―一八四九年。江戸時代後期の浮世絵師。代表作に「富嶽三十六景」がある。**5エッフェル鉄塔**　パリにあり、高さ約三〇〇メートル。**6沼津**　静岡県沼津市。**7十国峠**　静岡県東部、熱海《あたみ》市と函南《かんなみ》町との境。標高七七四メートル。

〈素朴〉〈純粋〉〈慶祝〉

＊たわいない

にちょこんと出ていて、それが富士だ。なんのことはない、クリスマスの飾り菓子である。しかも左のほうに、肩が傾いて心細く、船尾のほうからだんだん沈没しかけてゆく軍艦の姿に似ている。三年まえの冬、私はある人から、意外の事実を打ち明けられ、途方*に暮れた。その夜、アパートの一室で、ひとりで、がぶがぶ酒のんだ。一睡もせず、酒のんだ。あかつき、小用に立って、アパートの便所の金網張られた四角い窓から、富士が見えた。小さく、真っ白で、左のほうにちょっと傾いて、あの富士を忘れない。窓の下のアスファルト路を、魚屋の自転車が疾駆し、おう、けさは、やけに富士がはっきり見えるじゃねえか、めっぽう寒いや、など呟《つぶや》きのこして、私は、暗い便所の中に立ちつくし、窓の金網撫《な》でながら、じめじめ泣いて、あんな思いは、二度と繰り返したくない。

　昭和十三年の初秋、思いをあらたにする覚悟で、私は、かばん一つさげて旅に出た。

　甲州[8]。ここの山々の特徴は、山々の起伏の線の、へんに虚《むな》しい、なだらかさにある。小島烏水《こじまうすい》[9]という人の『日本山水論』にも、「山の拗《す》ね者は多く、この土に仙遊するが如《ごと》し。」とあった。甲州の山々は、あるいは山の、げてものなのかもしれない。私は、甲府市からバスにゆられて一時間、御坂《みさか》峠[10]へたどり着く。

　御坂峠、海抜千三百メートル。この峠の頂上に、天下茶屋という、小さい茶店があって、井伏鱒二《いぶせますじ》[11]氏が初夏のころから、ここの二階に、こもって仕事をしておられる。私は、それを知ってここへ来た。井伏氏のお仕事の邪魔にならないようなら、隣室でも借りて、私も、しばらくそこで仙遊しようと思っていた。

　井伏氏は、仕事をしておられた。私は、井伏氏のゆるしを得て、当分その茶屋に落ち着くことになって、それから、毎日、いやでも富士と真正面から、向き合っていなければならなくなった。この峠は、甲府から東海道に出る鎌倉往還[12]の衝に当たっていて、北面富士の代表観望台であると言われ、ここから見た富士は、むかしから富士三景[13]の一つにかぞえられているのだそうであるが、私は、あまり好かなかった。好かないばかりか、軽蔑さえした。あまりに、[1]おあつらいむきの富士である。真ん中に富士があって、その下に[14]河口《かわぐち》湖が白く寒々と広がり、近景の山々がその両袖にひっそりうずくまって湖を抱きかかえるようにしている。私は、ひとめ見て、狼狽《ろうばい》し、*顔を赤らめた。これは、まるで、風呂屋《ふろや》のペンキ画《え》だ。芝居の[15]書き割りだ。どうにも注文どおりの景色で、私は、恥ずかしくてならなかった。

　私が、その峠の茶屋へ来て二、三日たって、井伏氏の仕事も一段落ついて、ある晴れた午後、私たちは[16]三《み》ツ峠へ登った。三ツ峠、海抜千七百メートル。御坂峠より、少し高い。急坂を這《は》うようにしてよじ登り、一時間ほどにして三ツ峠頂上に達する。蔦《つた》かずらかきわけて、細い山路、這うようにしてよじ登る私の姿は、決して見よいものではなかった。井伏氏は、ちゃんと登山服着ておられて、軽快の姿であったが、私には登山服の持ち合わせがなく、[17]どてら姿であった。茶屋のどてらは短く、私の毛脛《けずね》は、一[18]尺以上も露出して、しかもそれに茶屋の老爺《ろうや》から借りたゴム底の地下足袋をはいたので、われながらむさ苦しく、少し工夫して、[19]角帯《かくおび》をしめ、茶店の壁にかかっていた古い麦藁帽《むぎわらぼう》をかぶってみたのであるが、いよいよ変で、井伏氏は、人のなりふりを決して軽蔑しない人であるが、このときだけはさ

8甲州　甲斐《かい》の国の異称。現在の山梨《やまなし》県。　**9小島烏水**　一八七三―一九四八年。随筆家。『日本山水論』（一九〇五年）その他の山岳随筆や紀行文がある。　**10御坂峠**　山梨県の南東部を東西に走る御坂山脈にある峠。標高は、正確には一五二五メートル。　**11井伏鱒二**　一八九八―一九九三年。小説家。作者が敬愛し、師事した。『山椒魚《さんしょううお》』『黒い雨』などの作品がある。　**12鎌倉往還**　鎌倉と各地を結ぶ主要な道。鎌倉幕府の開設以来発展した。　**13富士三景**　御坂峠、三ツ峠山、乙女峠から見た富士の景色のこと。　**14河口湖**　山梨県南東部にあり、富士五湖の一つ。　**15書き割り**　芝居の大道具の一つ。木でできた枠に紙や布を貼り、風景などを描いて背景とするもの。　**16三ツ峠**　三ツ峠山。御坂山脈に属し。河口湖の北東約四キロメートルにある。標高一七八五メートル。　**17どてら**　防寒用に着用する、綿入れの主に男子の家庭着。丹前。　**18尺**　長さの単位。一尺は、約三〇センチメートル。　**19角帯**　堅く厚手に織られた、男性用の帯。

1「あまりに、おあつらいむき」とはどのようなことか。

〈飾り菓子〉〈沈没〉
〈疾駆〉〈覚悟〉〈衝〉
〈露出〉〈足袋〉
＊途方に暮れる
＊顔を赤らめる

すがに少し、気の毒そうな顔をして、男は、しかし、身なりなんか気にしないほうがいい、と小声で呟いて私をいたわってくれたのを、私は忘れない。とかくして頂上に着いたのであるが、急に濃い霧が吹き流れてきて、頂上の[20]パノラマ台という、断崖の縁《へり》に立ってみても、いっこうに*眺望がきかない。何も見えない。井伏氏は、濃い霧の底、岩に腰をおろし、ゆっくり煙草《たばこ》を吸いながら、放屁《ほうひ》なされた。いかにも、つまらなそうであった。パノラマ台には、茶店が三軒ならんで立っている。そのうちの一軒、老爺《ろうや》と老婆と二人きりで経営しているじみな一軒を選んで、そこで熱い茶を飲んだ。茶店の老婆は気の毒がり、ほんとうにあいにくの霧で、もう少したったら霧もはれると思いますが、富士は、ほんのすぐそこに、くっきり見えます、と言い、茶店の奥から富士の大きい写真を持ち出し、崖の端に立ってその写真を両手で高く掲示して、ちょうどこの辺に、このとおりに、こんなに大きく、こんなにはっきり、このとおりに見えます、と懸命に注釈するのである。私たちは、番茶をすすりながら、その富士を眺めて、笑った。❷いい富士を見た。霧の深いのを、残念にも思わなかった。

　その翌々日であったろうか、井伏氏は、御坂峠を引き揚げることになって、私も甲府までおともをした。甲府で私は、ある娘さんと見合いすることになっていた。井伏氏に連れられて甲府のまちはずれの、その娘さんのお家《うち》へお伺いした。井伏氏は、無造作な登山服姿である。私は、角帯に、[21]夏羽織を着ていた。娘さんの家のお庭には、薔薇《ばら》がたくさん植えられていた。母堂に迎えられて客間に通され、挨拶して、そのうちに娘さんも出てきて、私は、娘さんの顔を見なかった。井伏氏と母堂とは、おとな同士の、よもやまの話をして、ふと、井伏氏が、

「おや、富士。」と呟いて、私の背後の[22]長押《なげし》を見上げた。私も、からだを捻《ね》じ曲げて、うしろの長押を見上げた。富士山頂大噴火口の鳥瞰《ちょうかん》写真が、額縁にいれられて、かけられていた。真っ白い[23]水蓮《すいれん》の花に似ていた。私は、それを見とどけ、また、ゆっくりからだを捻じ戻すとき、娘さんを、ちらと見た。きめた。多少の困難があっても、この人と結婚したいものだと思った。あの富士は、ありがたかっ

た。

　井伏氏は、その日に帰京なされ、私は、ふたたび御坂に引き返した。それから、九月、十月、十一月の十五日まで、御坂の茶屋の二階で、少しずつ、少しずつ、仕事を進め、あまり好かないこの「富士三景の一つ」と、へたばるほど対談した。

「お客さん！　起きてみよ！」かん高い声である朝、茶店の外で、娘さんが絶叫したので、私は、しぶしぶ起きて、廊下へ出てみた。

　娘さんは、興奮して頬を真っ赤にしていて、だまって空を指さした。見ると、雪。はっと思った。富士に雪が降ったのだ。山頂が、真っ白に、光りかがやいていた。御坂の富士も、ばかにできないぞと思った。

「いいね。」とほめてやると、娘さんは得意そうに、

「すばらしいでしょう?」といい言葉使って、「御坂の富士は、これでも、だめ?」としゃがんで言った。私が、かねがね、こんな富士は俗でだめだ、と教えていたので、娘さんは、内心しょげていたのかもしれない。

「やはり、富士は、雪が降らなければ、だめなものだ。」もっともらしい顔をして、私は、そう教え直した。

　私は、どてら着て山を歩きまわって、月見草[24]の種を両の手のひらにいっぱいとってきて、それを茶店の背戸[25]にまいてやって、

「いいかい、これは僕の月見草だからね、来年また来て見るのだからね、ここへお洗濯の水なんか捨てちゃいけないよ。」娘さんは、うなずいた。

　ことさらに、月見草を選んだわけは、富士には月見草が

20パノラマ台　四方の景色を遠くの方まで見渡せるような場所。展望台。**21羽織**　長着の上に着る丈の短い和服。
22長押　柱を連結するため鴨居《かもい》の上などに取り付ける横材。**23水蓮**　池・沼に生え、夏に白・黄・赤色などの花を咲かせる。睡蓮。**24月見草**　マツヨイグサの俗称。夏の夕に黄色い花を開く。**25背戸**　家の裏口。また、裏門。
❷「いい富士を見た。」と思ったのはなぜか。

〈懸命〉〈挨拶〉〈興奮〉

〈洗濯〉
＊眺望がきく

よく似合うと、思い込んだ事情があったからである。御坂峠のその茶店は、いわば山中の一軒家であるから、郵便物は、配達されない。峠の頂上から、バスで三十分ほどゆられて峠の麓《ふもと》、河口湖畔の、[26]河口村という文字どおりの寒村にたどり着くのであるが、その河口村の郵便局に、私宛《あ》ての郵便物が留め置かれて、私は三日に一度くらいの割で、その郵便物を受け取りに出かけなければならない。天気の良い日を選んで行く。ここのバスの女車掌は、遊覧客のために、格別風景の説明をしてくれない。それでもときどき、思い出したように、はなはだ散文的な口調で、あれが三ツ峠、向こうが河口湖、[27]わかさぎという魚がいます、など、もの憂そうな、呟きに似た説明をして聞かせることもある。

　河口局から郵便物を受け取り、またバスにゆられて峠の茶屋に引き返す途中、私のすぐとなりに、濃い茶色の[28]被布《ひふ》を着た青白い端正の顔の、六十歳くらい、私の母とよく似た老婆がしゃんと座っていて、女車掌が、思い出したように、みなさん、きょうは富士がよく見えますね、と説明ともつかず、また自分ひとりの詠嘆ともつかぬ言葉を、突然言い出して、リュックサックしょった若いサラリーマンや、大きい日本髪ゆって、口もとを大事にハンケチでおおいかくし、絹物まとった芸者風の女など、からだを捻じ曲げ、いっせいに車窓から首を出して、いまさらのごとく、その*変哲もない三角の山を眺めては、やあ、とか、まあ、とか間抜けた嘆声を発して、車内はひとしきり、ざわめいた。けれども、私のとなりの御隠居は、胸に深い憂悶《ゆうもん》でもあるのか、他の遊覧客と違って、富士には一瞥《いちべつ》も与えず、かえって富士と反対側の、山路に沿った断崖をじっと見つめて、私にはそのさまが、からだがしびれるほど快く感ぜられ、私もまた、富士なんか、あんな俗な山、見たくもないという、高尚な虚無の心を、その老婆に見せてやりたく思って、あなたのお苦しみ、わびしさ、みなよくわかる、と頼まれもせぬのに、❸共鳴の素振りを見せてあげたく、老婆に甘えかかるように、そっとすり寄って、老婆とおなじ姿勢で、ぼんやり崖の方を、眺めてやった。

　老婆も何かしら、私に安心していたところがあったのだろう、ぼんやりひとこと、

「おや、月見草。」

そう言って、細い指でもって、路傍の一箇所を指さした。さっと、バスは過ぎて行き、私の目には、いま、ちらとひとめ見た黄金色の月見草の花一つ、花弁もあざやかに消えずに残った。
[29]三千七百七十八メートルの富士の山と、立派に相対峙《あいたいじ》し、みじんもゆるがず、なんと言うのか、[30]金剛力草とでも言いたいくらい、けなげにすっくと立っていたあの月見草は、よかった。富士には、月見草がよく似合う。
十月のなかば過ぎても、私の仕事は遅々として進まぬ。人が恋しい。夕焼け赤き[31]雁《がん》の腹雲《はらぐも》、二階の廊下で、ひとり煙草を吸いながら、わざと富士には目もくれず、それこそ血の滴るような真っ赤な山の紅葉を、凝視していた。茶店のまえの落ち葉を掃き集めている茶店のおかみさんに、声をかけた。

「おばさん！　あしたは、天気がいいね。」

自分でも、びっくりするほど、うわずって、歓声にも似た声であった。おばさんは箒《ほうき》の手を休め、顔をあげて、不審げに眉＊をひそめ、

「あした、何かおありなさるの？」

そう聞かれて、私は窮した。

「何もない。」

おかみさんは笑い出した。

「おさびしいのでしょう。山へでもお登りになったら？」

「山は、登っても、すぐまた降りなければいけないのだから、つまらない。どの山へ登っても、おなじ富士山が見え

26河口村　現在の山梨県南都留郡《みなみつる》富士河口湖町。　**27わかさぎ**　体長約一五センチメートルの淡水魚。冬の氷上の穴釣りが有名。　**28被布**　着物の上にはおる、羽織に似た外衣。女性の和装用コート。　**29三千七百七十八メートル**　実際は、三七七六メートル。　**30金剛力**　金剛力士のように非常に強大な力。　**31雁の腹雲**　雁の腹を擦るほどに、山に低くたなびく雲。

3 どのような「共鳴」か。

〈詠嘆〉〈路傍〉〈凝視〉
＊変哲もない
＊眉をひそめる

るだけで、それを思うと、気が重くなります。」

私の言葉が変だったのだろう。おばさんはただ曖昧にうなずいただけで、また枯れ葉を掃いた。

寝るまえに、部屋のカーテンをそっとあけて硝子《ガラス》窓越しに富士を見る。月のある夜は富士が青白く、水の精みたいな姿で立っている。私は溜《た》め息をつく。ああ、富士が見える。星が大きい。あしたは、お天気だな、とそれだけが、幽《かす》かに生きている喜びで、そうしてまた、そっとカーテンをしめて、そのまま寝るのであるが、あした、天気だからとて、別段この身には、何ということもないのに、と思えば、おかしく、ひとりで布団の中で苦笑するのだ。苦しいのである。仕事が、――純粋に運筆することの、その苦しさよりも、いや、運筆はかえって私の楽しみでさえあるのだが、そのことではなく、私の世界観、芸術というもの、あすの文学というもの、いわば、新しさというもの、私はそれらについて、まだぐずぐず、思い悩み、誇張ではなしに、身悶《みもだ》えしていた。

素朴な、自然のもの、したがって簡潔な鮮明なもの、そいつをさっと一挙動でつかまえて、そのままに紙にうつしとること、それよりほかにはないと思い、そう思うときには、眼前の富士の姿も、別な意味をもって*目にうつる。この姿は、この表現は、結局、私の考えている「単一表現」の美しさなのかもしれない、と少し富士に妥協しかけて、けれどもやはりどこかこの富士の、あまりにも棒状の素朴には閉口しているところもあり、これがいいなら、[32]ほていさまの置き物だっていいはずだ、ほていさまの置き物は、どうにも我慢できない、あんなもの、とても、いい表現とは思えない、この富士の姿も、やはり[4]どこか間違っている、これは違う、と再び思いまどうのである。

朝に、夕に、富士を見ながら、陰鬱な日を送っていた。十月の末に、麓の[33]吉田《よしだ》のまちの、遊女の一団体が、御坂峠へ、おそらくは年に一度くらいの解放の日なのであろう、自動車五台に分乗してやってきた。私は二階から、そのさまを見ていた。自動車から降ろされて、色さまざまの遊女たちは、バスケットからぶちまけられた一群の伝書鳩《でんしょばと》のように、はじめは歩く方向を知らず、ただかたまってうろうろして、沈黙のまま押し合い、へし合いしていたが、やがてそろそろ、その異様の緊張がほどけて、てんでにぶらぶら歩きはじめた。茶店の店頭に並べられてある絵葉書を、おとなしく選んでいるもの、佇《たたず》んで富士を眺めているもの、暗く、わびしく、見ちゃおれない風景であった。二階のひとりの男の、いのち惜しまぬ共感も、これら遊女の幸福に関しては、何の加えるところがない。私は、ただ、見ていなければならぬのだ。苦しむものは苦しめ。落ちるものは落ちよ。私に関係したことではない。それが世の中だ。そう無理に冷たく装い、かれらを見下ろしているのだが、私は、かなり苦しかった。

　富士に頼もう。突然それを思いついた。おい、こいつらを、よろしく頼むぜ、そんな気持ちで振り仰げば、寒空のなか、のっそり突っ立っている富士山、そのときの富士はまるで、どてら姿に、ふところ手して傲然＊とかまえている大親分のようにさえ見えたのであるが、私は、そう富士に頼んで、大いに安心し、気軽くなって茶店の六歳の男の子と、ハチというむく犬[34]を連れ、その遊女の一団を見捨てて、峠のちかくのトンネルの方へ遊びに出かけた。トンネルの入り口のところで、三十歳くらいのやせた遊女が、ひとり、何かしらつまらぬ草花を、だまって摘み集めていた。私たちがそばを通っても、振り向きもせず熱心に草花を摘んでいる。この女のひとのことも、ついでに頼みます、とまた振り仰いで富士にお願いしておいて、私は子供の手を引き、とっとと、トンネルの中に入っていった。トンネルの冷たい地下水を、頬に、首筋に、滴々と受けながら、❺おれの知ったことじゃない、とわざと大股に歩いてみた。

　そのころ、私の結婚の話も、一頓挫のかたちであった。

32ほていさま　七福神の一つ。腹が大きく円満な顔立ちをしている。**33吉田**　現在の山梨県富士吉田市。**34むく犬**　毛がふさふさと垂れている犬。

❹「どこか間違っている」とはどのようなことか。

❺「おれの知ったことじゃない」と言い聞かせているのはなぜか。

〈曖昧〉〈誇張〉〈大股〉
＊目にうつる
＊傲然とかまえる

私のふるさとからは、全然、助力が来ないということが、はっきりわかってきたので、私は困ってしまった。せめて百円くらいは、助力してもらえるだろうと、虫*のいい、ひとりぎめをして、それでもって、ささやかでも、厳粛な結婚式を挙げ、あとの、世帯を持つに当たっての費用は、私の仕事でかせいで、しようと思っていた。けれども、二、三の手紙の往復により、家《うち》から助力は、まったくないということが明らかになって、私は、途方に暮れていたのである。このうえは、縁談断られても仕方がない、と覚悟をきめ、とにかく先方へ、事の次第を洗いざらい言ってみよう、と私は単身、峠を下り、甲府の娘さんのお家へお伺いした。さいわい娘さんも、家にいた。私は客間に通され、娘さんと母堂と二人を前にして、悉皆《しっかい》の事情を告白した。ときどき演説口調になって、閉口した。けれども、割に素直に語りつくしたように思われた。娘さんは、落ち着いて、

「それで、お家では、反対なのでございましょうか。」と、首をかしげて私にたずねた。

「いいえ、反対というのではなく、」私は右の手のひらを、そっと卓の上に押し当て、「おまえひとりで、やれ、という具合らしく思われます。」

「結構でございます。」母堂は、品よく笑いながら、「私たちも、ごらんのとおりお金持ちではございませぬし、ことごとしい式などは、かえって当惑するようなもので、ただ、あなたおひとり、愛情と、職業に対する熱意さえ、お持ちならば、それで私たち、結構でございます。」

私は、お辞儀するのも忘れて、しばらく呆然《ぼうぜん》と庭を眺めていた。目の熱いのを意識した。この母に、孝行しようと思った。

帰りに、娘さんは、バスの発着所まで送ってきてくれた。歩きながら、

「どうです。もう少し交際してみますか？」

きざなことを言ったものである。

「いいえ。もう、たくさん。」娘さんは、笑っていた。

「なにか、質問ありませんか？」いよいよ、ばかである。

「ございます。」

私は何を聞かれても、ありのまま答えようと思っていた。

「富士山には、もう雪が降ったでしょうか。」

私は、その質問には拍子抜け*がした。

「降りました。頂のほうに、——」と言いかけて、ふと前方を見ると、富士が見える。変な気がした。

「なあんだ。甲府からでも、富士が見えるじゃないか。ばかにしていやがる。」やくざな口調になってしまって、「いまのは、愚問です。ばかにしていやがる。」

娘さんは、うつむいて、くすくす笑って、

「だって、御坂峠にいらっしゃるのですし、富士のことでもお聞きしなければ、わるいと思って。」

おかしな娘さんだと思った。

甲府から帰ってくると、やはり、呼吸ができないくらいにひどく肩が凝っているのを覚えた。

「いいねえ、おばさん。やっぱし御坂は、いいよ。自分の家に帰ってきたような気さえするのだ。」

夕食後、おかみさんと、娘さんと、かわるがわる、私の肩を叩《たた》いてくれる。おかみさんの拳は固く、鋭い。娘さんの拳は柔らかく、あまり効きめがない。もっと強く、もっと強くと私に言われて、娘さんは薪《まき》を持ち出し、それでもって私の肩をとんとん叩いた。それほどにしてもらわなければ、肩の凝りがとれないほど、私は甲府で緊張して、一心に努めたのである。

甲府へ行ってきて、二、三日、さすがに私はぼんやりして、仕事する気も起こらず、机のまえに座って、とりとめのない落書きをしながら、[35]バットを七箱も八箱も吸い、また寝ころんで、[36]金剛石も磨かずば、という唱歌を、繰り返し繰り返し歌ってみたりしているばかりで、小説は、一枚も書き進めることができなかった。

「お客さん。甲府へ行ったら、わるくなったわね。」

朝、私が机に頬杖《ほおづえ》つき、目をつぶって、さまざまのこと

35バット　ゴールデン・バット。タバコの銘柄。　**36金剛石も磨かずば**　戦前の小学校唱歌。ダイヤモンドも磨かなければ光らないように、人間もたゆまず努力すべきである、という意味の歌詞。

＊虫のいい
＊拍子抜けする

考えていたら、私の背後で、床の間拭きながら、十五の娘さんは、しんからいまいましそうに、多少、とげとげしい口調で、そう言った。私は、振り向きもせず、

「そうかね。わるくなったかね。」

娘さんは、拭き掃除の手を休めず、

「ああ、わるくなった。この二、三日、ちっとも勉強進まないじゃないの。あたしは毎朝、お客さんの書き散らした原稿用紙、番号順にそろえるのが、とっても、たのしい。たくさんお書きになっていれば、うれしい。ゆうべもあたし、二階へそっと様子を見にきたの、知ってる？ お客さん、布団頭からかぶって、寝てたじゃないか。」

私は、ありがたいことだと思った。大袈裟《おおげさ》な言い方をすれば、これは人間の生き抜く努力に対しての、純粋な声援である。なんの報酬も考えていない。私は、娘さんを、美しいと思った。

十月末になると、山の紅葉も黒ずんで、汚くなり、とたんに一夜あらしがあって、みるみる山は、真っ黒い冬木立に化してしまった。遊覧の客も、いまはほとんど、数えるほどしかない。茶店もさびれて、ときたま、おかみさんが、六つになる男の子を連れて、峠のふもとの船津《ふなつ》[37]、吉田に買い物をしに出かけていって、あとには娘さんひとり、遊覧の客もなし、一日中、私と娘さんと、ふたりきり、峠の上で、ひっそり暮らすことがある。私が二階で退屈して、外をぶらぶら歩きまわり、茶店の背戸で、お洗濯している娘さんのそばへ近寄り、

「退屈だね。」と大声で言って、ふと笑いかけたら、娘さんはうつむき、私がその顔を覗《のぞ》いてみて、はっと思った。泣きべそかいているのだ。あきらかに恐怖の情である。そうか、と苦々しく私は、くるりと回れ右して、落葉しきつめた細い山路を、まったくいやな気持ちで、どんどん荒く歩きまわった。

それからは、気をつけた。娘さんひとりきりのときには、なるべく二階の室《へや》から出ないようにつとめた。茶店にお客でも来たときには、私がその娘さんを守る意味もあり、のしのし二階から降りていって、茶店の一隅に腰をおろしゅっくりお茶を飲むのである。いつか花嫁姿のお客が、紋付[38]

きを着た爺《じい》さんふたりに付き添われて、自動車に乗ってやってきて、この峠の茶屋でひと休みしたことがある。そのときも、娘さんひとりしか茶店にいなかった。私は、やはり二階から降りていって、隅の椅子に腰をおろし、煙草をふかした。花嫁は裾模様の長い着物を着て、[39]金襴《きんらん》の帯を背負い、[40]角隠しつけて、堂々正式の礼装であった。まったく異様のお客様だったので、娘さんもどうあしらいしていいのかわからず、花嫁さんと、二人の老人にお茶をついでやっただけで、私の背後にひっそり隠れるように立ったまま、だまって花嫁のさまを見ていた。一生にいちどの晴れの日に、――峠の向こう側から、反対側の船津か、吉田のまちへ嫁入りするのであろうが、その途中、この峠の頂上で一休みして、富士を眺めるということは、はたで見ていても、くすぐったいほど、[41]ロマンチックで、そのうちに花嫁は、そっと茶店から出て、茶店のまえの崖のふちに立ち、ゆっくり富士を眺めた。脚をX形に組んで立っていて、大胆なポーズであった。余裕のあるひとだな、となおも花嫁を、富士と花嫁を、私は観賞していたのであるが、間もなく花嫁は、富士に向かって、大きな欠伸《あくび》をした。

「あら！」と背後で、小さい叫びを挙げた。娘さんも、素早くその欠伸を見つけたらしいのである。やがて花嫁の一行は、待たせておいた自動車に乗り、峠を降りていったが、あとで花嫁さんは、さんざんだった。

「馴《な》れていやがる。あいつは、きっと二度目、いや、三度目くらいだよ。おむこさんが、峠の下で待っているだろうに、自動車から降りて、富士を眺めるなんて、はじめてのお嫁だったら、そんな太いこと、できるわけがない。」

「欠伸したのよ。」娘さんも、力こめて賛意を表した。「あ

37船津　山梨県南都留郡富士河口湖町にある地名。　**38紋付き**　家紋をつけた礼装用の和服。　**39金襴**　地に金糸で文様を織り出した織物。帯などに用いる。　**40角隠し**　和装の花嫁が用いるかぶり物。　**41ロマンチック**　現実離れして、情緒的で甘美なさま。［英語］romantic

―〈報酬〉〈一隅〉〈余裕〉

んな大きい口あけて欠伸して、図々《ずうずう》しいのね。お客さん、あんなお嫁さんもらっちゃ、いけない。」

私は年甲斐《としがい》もなく、顔を赤くした。私の結婚の話も、だんだん好転していって、ある先輩に、すべてお世話になってしまった。結婚式も、ほんの身内の二、三のひとにだけ立ち会ってもらって、まずしくとも厳粛に、その先輩のお宅で、していただけるようになって、私は人の情に、少年のごとく感奮していた。

十一月に入ると、もはや御坂の寒気、堪えがたくなった。茶店では、ストーブを備えた。

「お客さん、二階はお寒いでしょう。お仕事のときは、ストーブのそばでなさったら。」と、おかみさんは言うのであるが、私は、人の見ているまえでは、仕事のできないたちなので、それは断った。おかみさんは心配して、峠の麓の吉田へ行き、炬燵《こたつ》を一つ買ってきた。私は二階の部屋でそれにもぐって、この茶店の人たちの親切には、しんからお礼を言いたく思って、けれども、もはやその全容の三分の二ほど、雪をかぶった富士の姿を眺め、また近くの山々の、[42]蕭条《しょうじょう》たる冬木立に接しては、これ以上、この峠で、皮膚を刺す寒気に辛抱していることも無意味に思われ、山を下ることに決意した。山を下る、その前日、私は、どてら二枚かさねて着て、茶店の椅子に腰かけて、熱い番茶を啜《すす》っていたら、冬の[43]外套《がいとう》着た、[44]タイピストでもあろうか、若い知的の娘さんがふたり、トンネルの方から、何かきゃっきゃっ笑いながら歩いてきて、ふと眼前に真っ白い富士を見つけ、打たれたように立ち止まり、それから、ひそひそ相談の様子で、そのうちのひとり、眼鏡かけた、色の白い子が、にこにこ笑いながら、私のほうへやってきた。

「あいすみません。シャッター切ってくださいな。」

私は、へどもどした。私は機械のことには、あまり明るくないのだし、写真の趣味は皆無であり、しかも、どてらを二枚もかさねて着ていて、茶店の人たちさえ、山賊みたいだ、と言って笑っているような、そんなむさくるしい姿でもあり、たぶんは東京の、そんな華やかな娘さんから、[45]ハイカラの用事を頼まれて、内心ひどく狼狽したのである。けれども、また思い直し、こんな姿はしていても、やはり、見る人が見れば、どこかしら、華奢な俤《おもかげ》もあり、写真のシャッターくらい器用に手さばきできるほどの男に見えるのかもしれない、などと少し浮き浮きした気持ちも手伝い、私は平静*を装い、娘さんの差し出すカメラを受け取り、なにげなさそうな口調で、シャッターの切り方をちょっとたずねてみてから、わななきわななき、レンズをのぞいた。真ん中に大きい富士、その下に小さい、罌粟《けし》[46]の花二つ。ふたりそろいの赤い外套を着ているのである。ふたりは、ひしと抱き合うようにして寄り添い、きっとまじめな顔になった。私は、おかしくてならない。カメラ持つ手がふるえて、どうにもならぬ。笑いをこらえて、レンズをのぞけば、罌粟の花、いよいよ澄まして、固くなっている。どうにも狙《ねら》いがつけにくく、私は、❻ふたりの姿をレンズから追放して、ただ富士山だけを、レンズいっぱいにキャッチして、富士山、さようなら、お世話になりました。パチリ。

「はい、写りました。」

「ありがとう。」

ふたり声をそろえてお礼を言う。家へ帰って現像[47]してみたときには驚くだろう。富士山だけが大きく大きく写っていて、ふたりの姿はどこにも見えない。

その明くる日に、山を下りた。まず、甲府の安宿に一泊して、その明くる朝、安宿の廊下の汚い欄干によりかかり、富士を見ると、甲府の富士は、山々のうしろから、三分の一ほど顔を出している。酸漿《ほおずき》[48]に似ていた。

42蕭条　ひっそりとものの寂しいさま。**43外套**　防寒用の衣服。オーバーコート。**44タイピスト**　タイプライターで文書作成の仕事をする人。当時の女性の新しい職業だった。**45ハイカラ**　流行を追った。目新しい。**46罌粟**　初夏に紅・紫・白色の大形の花弁の花を開く。**47現像**　撮影後にフィルムから像を出現させる処理。プリントの前段階。**48酸漿**　夏に淡黄白色の花が咲いた後、がくが大きくなって果実を包み、初秋、果実が熟して赤く色づく。

❻「ふたりの姿をレンズから追放し」たのはなぜか。

〈感奮〉〈皆無〉〈山賊〉
〈欄干〉

＊平静を装う

安藤広重「東海道五十三次」のうち「原」

谷文晁「富士真景図」（1802年）

葛飾北斎「富嶽三十六景」のうち「凱風《がいふう》快晴」

●理解●

(1)富士の情景を場面ごとにまとめ、それに対する「私」の心情の変化を整理しなさい。

(2)「私」がどのような富士に反感を抱き、どのような富士に感動しているか、まとめなさい。

(3)「富士には、月見草がよく似合う。」（一一七・上9）と「私」が思うようになったのはなぜか、考えなさい。

(4)「私」の目から見た、次の人々の人柄や性格をまとめなさい。

a　井伏鱒二　　b　三ツ峠の老婆　　c　天下茶屋の「娘さん」

d　見合い相手の「娘さん」　　e　dの「娘さん」の母親　　f　三十歳くらいのやせた遊女

【監修者】
安藤宏（あんどう・ひろし）　東京大学
紅野謙介（こうの・けんすけ）　日本大学

図版協力者（敬称略・数字は掲載ページ）
フォトライブラリー　14,55,56
アフロ 15
丈山文庫 15
中野重宏 18
amanaimages 23,53
丸善 48

表紙／土屋仁応「麒麟」2019年　写真提供：メグミオギタギャラリー
装幀・本文デザイン／白尾隆太郎

ちくま文学講読　初級編

二〇二一年九月五日　初版第一刷発行

監修者　安藤宏
　　　　紅野謙介
編　者　筑摩書房編集部
発行者　喜入冬子
発行所　株式会社筑摩書房
〒一一一-八七五五　東京都台東区蔵前二-五-三
電話　〇三-五六八七-二六〇一（代表）
印刷・製本　凸版印刷株式会社

　ISBN978-4-480-91091-2　C7095